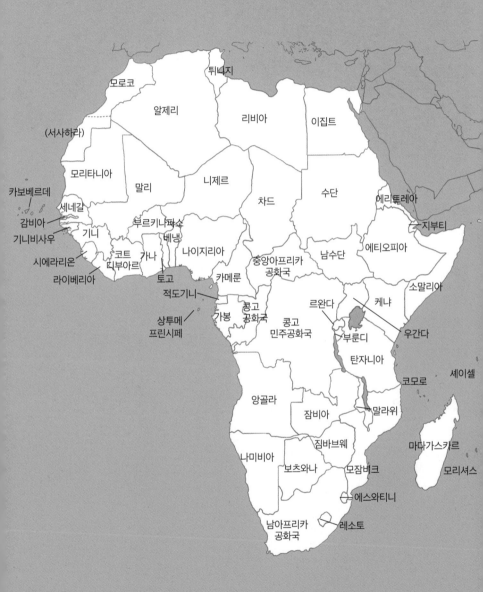

있는 그대로 튀니지

나의 첫 다문화 수업 15

있는 그대로 튀니지

오영진 지음

초록비책공방

'아랍의 봄'은 현재 진행형

"뉴스에서 매일 튀니지 시위가 나오는데 별일 없는 거지? 한국에는 언제 들어오니?"

튀니지에 머물렀던 2년, 그 정점에는 중동과 북아프리카를 휩쓸었던 '아랍의 봄'이 있었다. 당시 안위를 묻는 가족과 지인들의 연락을 확인하고 그들을 안심시키는 것으로 하루를 시작했다.

긴박했던 순간만큼 튀니지와의 인연은 강렬했다. 밤에는 총소리와 헬리콥터 소리에 잠을 설쳤고 수도 곳곳에 배치된 군인과 탱크는 전시 상황을 방불케 했으며 삼엄한 분위기와 공포감이 나라 전체에 맴돌았다. 그러나 순식간에 전 국민을 하나로 규합시켰던 시민 혁명으로 튀니지는 23년간의 철권통치를 끝내고 평화적 민주주의의 첫발을 무사히 내디뎠다. 독재정권을 국민의 힘으로 무너뜨리고 제헌 의회를 설립해 헌법부터 고쳤으며 내전으로 치달을 수 있는 혼란스러운 정치 상황

속에서도 시민 사회는 단결해 상황을 평화적으로 풀어갔다. 튀니지 사람들은 자신들의 문제를 타개할 회복력과 결단력, 사회 변화를 이룰 만한 역량을 이미 품고 있었고 나아가야 할 방향 또한 알고 있었다. 혁명의 한복판에 서서 한 국가의 역사가 바뀌는 현장을 목도한다는 사실에 전율을 느꼈다.

튀니지는 '아랍의 봄'의 발원지로 중동과 북아프리카의 민주주의를 선도하며 상당한 민주적 진보를 이룬 사례로 평가된다. 독재 정권이 막을 내리고 국민4자대화기구의 노벨 평화상 수상에 이어 어느덧 두 번의 대통령 선거를 치렀다. 약 10년 전까지만 해도 한국에는 튀니지에 대해 아는 사람이 많지 않았다. 독재 정권에 맞서 자유를 열망한 튀니지 시위 현장이 국제사회의 이목을 집중시키자 그제야 우리나라의 미디어에 노출되기 시작했고, 한국의 민주화 과정과 맥이 닿는 튀니지의 민주화 과정이 재조명받았다.

우리에게는 멀고도 낯선 나라이지만 인근 유럽 사람들에게는 한 번쯤 가보고 싶은 '지중해의 보석'으로 알려진 나라이자 천혜의 자연 경관과 문화유산이 풍부한 관광 국가이다. 또한 로마를 점령했던 명장 한니발 장군의 고향 카르타고와 로마 제국, 이슬람 제국 등 여러 문명과 역사가 고스란히 녹아있는 나라이다. 끝도 없이 펼쳐지는 코발트 푸른빛 해안과 녹색의 올리브 밭은 그림 같은 풍경을 선사하며 시대를 초월한 매력을 발산한다. 로마 유적지들을 따라 이동하면 녹색의 끝자락에서 황금빛 사막이 나타나고 북아프리카 최초의 이슬람 도시가 사막 한가운데 신비롭게 서 있다.

튀니지의 다양함과 다채로움을 표현할 단 하나의 단어는 없지만 "머리는 유럽에, 가슴은 아랍에, 발은 아프리카에 있다."라는 문장은 튀니지에 혼재된 아프리카, 이슬람, 유럽 문화의 공존을 잘 대변해 준다. 튀니지는 지리적으로 유럽과 가깝고 지중해를 품고 있어 지중해 해상권을 놓고 여러 문명과 격동의 세월을 보냈다. 종교적으로는 7세기에 유입된 이슬람교를 국민 대부분이 믿고 있으며 아랍어를 사용한다. 아프리카 대륙에 위치해 있어 역사적·문화적 연결 고리 역시 무시할 수 없다.

"낯선 곳도 머무르면 익숙해진다."

아프리카의 몇몇 나라에서 살면서 때때로 엄습하는 광활한 외로움에 맞닥뜨릴 때마다 종종 이 말을 되뇌이곤 한다. 비단 장소에만 국한되지 않는다. 낯선 상황, 낯선 배움, 낯선 관계도 시간을 들이면 익숙함과 친숙함이 시야를 넓힐 수 있는 여유를 선사한다. 책으로 접하는 낯선 나라겠지만 이 책 속에 머무르는 동안 튀니지와 친숙해지는 경험을 해 보기를 바란다.

튀니지에서 돌아와 대학병원 연구실에서 개발도상국 연구 과제에 참여하며 다시 아프리카를 오갔다. 한 번도 가보지 못한 사람은 있어도 한 번만 가본 사람은 없다는 곳이 나에게는 아프리카였다. 20대 중반에 처음으로 아프리카를 경험한 뒤 아프리카는 나를 설명해 주는 핵심 키워드가 되었다. 이 책은 내가 국제 개발 협력을 실천하는 방법이자 아프리카에 대한 애정을 표현하는 방법이다. 이 한 권의 책이 단순한 지식의 전달을 넘어 아프리카에 대한 사람들의 관심을 조금이라도 불러일으키고 이해와 연대의 폭을 넓히는 계기가 되기를 진심으로 바란다.

내 삶의 일부가 보석같이 박혀있는 튀니지. 바람을 타고 짙어지는 재스민 향이 피부를 스치고 작열하는 태양빛 아래 조각조각 부서지는 지중해에 시간을 빼앗겨도 아깝지 않을 시절을 곧 다시 마주하고 싶다.

1부 아슬레마! 튀니지

2부 튀니지 사람들의 이모저모

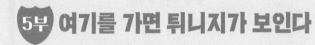

5부 여기를 가면 튀니지가 보인다

퀴즈로 만나는
튀니지

퀴즈를 통해 튀니지를 알아보자.
정답을 맞히지 못하더라도 퀴즈를 풀다 보면
튀니지에 대한 호기심이 조금씩 생길 것이다.

Q1.

기원전 9세기경
튀니지 북동부 지역에 세워진
고대 도시 국가의 이름은 무엇일까요?

❶ 카르타고 ❷ 페르시아 ❸ 아테네 ❹ 마케도니아

Answer. ❶ 카르타고

"카르타고의 허락이 없으면 그 누구도 바다에서 손도 씻지 못한다." 이는 당시 지중해에서 카르타고의 영향력이 얼마나 컸는지 보여주는 표현이다. 카르타고는 아프리카-로마 문명의 가장 화려한 중심지 가운데 하나였다. 무역제국으로 명성을 날렸던 이 도시 국가는 막강한 해군력을 바탕으로 지중해세계의 패권을 쥐고 있었다. 지중해 경제권을 쥐고 있던 카르타고와 떠오르는 강자 로마는 기원전 3세기 중엽부터 약 120년간 세 차례에 걸쳐 전쟁을치르는데 이 전쟁이 바로 '포에니 전쟁'이다. 결국 카르타고는 로마에 의해멸망하고 역사의 뒤안길로 사라졌다. 현재 남아있는 카르타고 유적지는 유네스코 세계 문화유산으로 등재되어 있다.

● 기원전 3세기 카르타고의 영토

Q2.

"

2010년 튀니지에서 시작되어
중동과 북아프리카 일대로 확산된
대규모 민주화 시위를 일컫는 말은
무엇일까요?

"

Answer. 아랍의 봄

튀니지는 '아랍의 봄'의 발원지이다. 아랍의 봄은 튀니지의 국화인 재스민에 빗대어 '재스민 혁명'이라고도 불린다. '아랍의 봄'은 2010년에서 2011년 사이 알제리, 이집트, 예멘, 리비아 등 아랍과 중동 국가 전역으로 확산된 민주화 운동이다. 이 시기 튀니지는 23년간의 독재 정권이 무너지고 민주적인 대통령 선거를 통해 새 정부가 수립되었다. 튀니지 시민 사회 단체 연합 기구인 '국민4자대화기구'는 튀니지의 민주화 과정에 기여한 공로를 인정받아 노벨 평화상을 받았다.

● 튀니지 국민4자대화기구

Q3.

튀니지에 위치한 아프리카 대륙의
최북단 지점은 어디일까요?

❶ 라스 하푼곶   ❷ 안젤라곶   ❸ 베르데곶   ❹ 희망곶

Answer. ❷ 안젤라곶

안젤라곶은 지중해 파도가 밀려와 아프리카 대륙에 가장 먼저 닿은 곳으로, 아프리카 최북단 항구 도시 비제르트에서 약 15킬로미터 떨어져 있다. 이곳에는 아프리카 대륙의 최북단을 상징하는 기념비가 세워져 있다. 아프리카 대륙 최남단은 남아프리카공화국의 아굴라스곶이다.

● 끝없는 지중해의 수평선을 감상할 수 있는 아프리카 최북단, 안젤라곶

Q4.

튀니지 국가의 언어는 아랍어이다.
튀니지 사람들이 일상생활에서
사용하는 구어체 형태의
아랍어는 무엇일까요?

Answer. 데리자

데리자는 주로 북아프리카 지역에서 사용하는 구어체 형태의 아랍어이다. 정부의 공식 문서, 뉴스 방송 및 공식 석상에서 사용하는 현대 표준 아랍어와는 구별된다. 현대 표준 아랍어는 여러 아랍 국가에서 통용되는 표준화된 언어이다. 반면 데리자는 표준 아랍어를 기반으로 억양, 발음, 문법 등이 변형되어 토착화된 언어이다. 튀니지 사람들은 일상생활에서는 데리자를 사용한다.

● 다양한 국가의 아랍어 사용자들이 모여 각 국가의 아랍어 방언을 소개하고 비교한 영상

Q5.

튀니지에 위치한 북아프리카
제1의 이슬람 도시로, 이슬람교 및
학문의 중심지였던 지역은
어디일까요?

Answer. 카이루안

카이루안은 도시 전체가 유네스코 세계 문화유산에 등재된 유서 깊은 지역
이다. 7세기에 건설되었고, 9~11세기에는 이슬람 문명의 중심지로 번성했으
며, 도시에만 약 300개의 사원이 있었다고 전해진다. 현재는 약 100개의 모
스크가 남아있다. 메카, 메디나, 예루살렘과 함께 이슬람 4대 성지 중 하나로
꼽힌다.

● 카이루안의 전경

1부

아슬레마!
튀니지

시간은 모든 것을 치유한다.

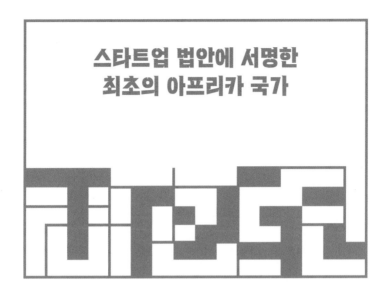

스타트업은 급변하는 디지털 경제에서 중심 역할을 한다. 코로나19 팬데믹으로 디지털 기술을 기반으로 한 비대면 산업이 주목받았다으며, 작지만 민첩한 스타트업들은 급변하는 환경과 경제 침체 속에서도 유연하게 대처했다.

포스트 코로나19 시대에 스타트업의 역할은 더욱 중요해졌다. 높은 청년 실업률에 대응해 일자리를 창출하는 해결책이 될 수 있고, 새로운 제품과 서비스를 제공함으로써 경제 활동과 경제 성장에도 기여할 수 있기 때문이다. 세 명 중 한 명이 아프리카에서 태어난다는 가장 젊은 대륙, 아프리카의 스타트업을 바라보는 세계의 시선도 변화하고 있다.

아프리카의 젊은 기업가들은 혁신적인 아이디어로 사회 문제를 해결하며 세계의 주목을 받고 있다. '빅4'라고 불리는 케냐, 나이지리아, 남아프리카공화국, 모리셔스는 아프리카 스타트업의 80퍼센트를 차지하고, 그 뒤를 이어 튀니지가 스타트업 분야에서 선도적인 역할을 하기 위해 박차를 가하고 있다.

북아프리카 최초로 스타트업 법안에 서명

전 세계적으로 스타트업의 육성과 친환경적인 생태계 조성은 중요한 과제로 부상했다. 창의적이고 혁신적인 아이디어가 경제와 사회 전반에 긍정적 변화를 일으키는 동력이기 때문이다. 튀니지는 공공 부문이 경제를 주도하고 있어 혁신적인 아이디어를 가진 젊은 기업가들이 시장에 진입하기 어렵다는 문제가 제기되어 왔다.

이에 대응해 튀니지는 스타트업의 생태계를 조성하고 성장을 지원하기 위해 2018년 스타트업 법안을 제정했다. 스타트업 법안은 스타트업의 창업과 운영을 지원하고 스타트업 생태계를 강화해 경제 부흥에 기여하는 것이 목적이다. 정부, 민간 부문, 시민 사회 공동의 노력으로 만들어졌으며 다양한 세제 혜택, 재정 지원, 보조금이나 교육을 지원하는 내용을 포함한다. 튀니지는 아프리카에서 스타트업 법안에 서명한 최초의 국가이자 아프리카 국가들의 청사진이 되었다.

튀니지는 지리적으로 유리한 위치에 있다. 유럽, 아프리카, 중동과의 접근성이 뛰어나 역사적으로 유럽-지중해 무역의 허브 역할을 해 왔다. 더욱이 고학력의 인적 자원이 풍부하고 안정된 인터넷 환경을 갖추고 있어 아랍과 아프리카, 프랑스어권 국가들 사이에서 비즈니스를 연결하는 잠재력을 지니고 있다.

튀니지의 스타트업 생태계는 투자 유치면에서도 성장세를 보이고 있다. 공공 투자 기관인 CDC*Caisse des Dépôts et Consignations*는 세계은행과 협력해 스타트업과 혁신적인 중소기업에게 자금을 지원하고 있다. 튀니지의 스타트업에 대한 투자는 2017~2021년 사이에 약 30퍼센트가 증가했다. 특히 2022년은 투자 규모가 크게 확대되었다. 2021년에는 코워키*Coworky* 및 하이브12*Hive12*와 같은 협업 공간과 파운드업*Foundup*과 같은 기업가 교육 프로그램 등 40개의 새로운 스타트업 지원 프로그램이 시작되었다. 2024년에는 스타트업 법안을 보완해 1만여 개의 일자리를 창출할 것으로 예상한다.

튀니지의 대표적인 스타트업

인공지능 스타트업 인스타딥*InstaDeep*은 튀니지에서 가장 많은 투자를 유치했다. 그 외에 엑스펜시아*Expensya*, 넥스트프로틴*nextProtein*, 엔다 따므월*ENDA tamweel* 등 신생 기업이 두각을 나타내고 있다. 하지만 전문가들은 일부 스타트업에만 투자가 집중되고 행정적 지연과 절차의 복잡함이 스타트업 발전을 저해하고 있다며 외환 규제를 간소화하고 외화 유통을 촉진해 자금을 끌어들일 필요가 있다고 조언한다.

튀니지 젊은 기업가들의 열정은 멈출 줄 모른다. 그들은 오늘도 자신들의 아이디어를 현실로 만들고 있다. 스타트업 전체 규모가 증가하는 것은 튀니지 경제에 매우 긍정적인 신호이다. 최근 튀니지 정부 부처와 시민 사회, 기업가들은 스타트업 환경을 개선하기 위해 스타트업법 2.0에 대해 논의하고 있다. 이는 혁신적인 젊은 기업가들이 더욱 활발하게 활동할 수 있는 기반이 될 것이며 나아가 튀니지의 발전을 견인하는 미래가 될 것이다.

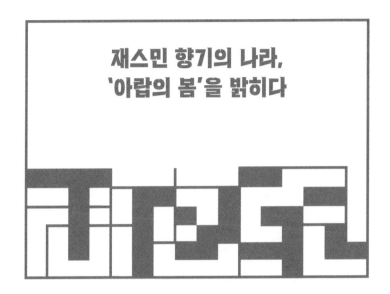

재스민 향기의 나라,
'아랍의 봄'을 밝히다

2010년 말부터 중동과 북아프리카 지역 아랍 국가에서 일어난 일련의 민주화 시위와 혁명을 '아랍의 봄'이라고 한다. 튀니지는 '아랍의 봄'의 발원지이자 유일하게 민주화가 성공한 나라이다.

튀니지는 1956년 독립 이후 반세기 동안 단 두 명의 대통령이 정권을 독차지했다. 그러다가 튀니지 청년 노점상의 분신에서 시작된 반정부 시위가 아랍 지역 전역으로 번졌다. 이 사건으로 2011년 독재 정권이 막을 내리고 국민투표를 통한 정권 교체가 일어났으니 '아랍의 봄'은 튀니지 정치사의 기념비적인 사건이라 할 수 있다.

민주주의의 꽃, 선거

'아랍의 봄'의 대표적인 결실을 꼽자면 민주주의의 꽃이라고 할 수 있는 선거를 들 수 있다. '아랍의 봄'이 발발한 지 4년 만에 제헌 의회, 총선, 대선, 지선 등이 점진적으로 치러졌다. 독립 후 처음으로 치른 자유 경선을 통한 민주적 대통령 선거를 통해 오늘날 튀니지는 대통령 중심제와 의원 내각제가 혼합된 정치 체제가 되었다.

'아랍의 봄'을 겪은 국가 중에서 비교적 순탄한 민주화 과정을 밟은 나라는 사실상 튀니지밖에 없다. 유일한 성공 사례라는 평가가 다소 섣부를 수는 있지만 민주주의와 시민 사회의 성장만큼은 부정할 수 없는 사실이다.

● 2014년 11월 23일 역사적인 첫 직선제 대통령 선거에 참여하는 튀니지 시민들

2014년 튀니지는 다시 한 번 국제 사회의 주목을 받았다. 독재 정권이 무너지고 3년 만에 아랍 지역에서는 상당히 진보적인 내용의 헌법 개정이 이루어졌기 때문이다. '2014 신헌법'은 민주적이고 포용적인 사회를 향한 중요한 발걸음으로 '아랍의 봄'의 긍정적인 성과로 손꼽힌다. 현재는 2022년 개정된 헌법을 따른다.

튀니지 신헌법에서 가장 중요한 핵심은 자유와 인권의 보호이다. 정부 구조를 확립했을 뿐 아니라 튀니지 사회가 중요하게 여기는 원칙과 가치를 담았다. 샤리아(이슬람 율법)를 강요할 수 없도록 규정했으며, 국교를 '이슬람교'라고 명시했지만 종

● 헌법 통과를 축하하는 제헌 의회 의원들

교의 자유를 보장하며, 법 앞에서 양성평등과 여성의 권리를 강조하는 등 튀니지의 신헌법은 아랍 세계에서 가장 진보적인 헌법으로 평가받고 있다.

"이 신헌법이 완벽한 것은 아니지만 합의의 하나이다. 오늘 우리는 권리와 평등에 기초한 민주주의를 건설하기 위해 새로운 역사와 조우했다."

무스타파 벤 자파*Mustapha Ben Jaafar* 의회 의장은 헌법의 불완전성을 인정하면서도 합의의 산물이라고 강조했다. 튀니지 의원들이 서로 다른 정치 세력 간에 타협하고 양보하며 합의에 도달한 것은 정치사에 중요한 이정표로 남았다.

노벨 평화상 국민4자대화기구

2015년 노벨 평화상은 튀니지의 '국민4자대화기구*Tunisian National Dialogue Quartet*'에 돌아갔다. 자칫 무산될 뻔했던 튀니지의 민주화 열기를 살리면서 민주화 이행 과정에서 굳건한 버팀목 역할을 했다는 점을 전 세계가 인정한 것이다. 국민4자대화기구는 4대 분야 핵심 시민 단체인 튀니지 노동조합 총연맹, 튀니지 산업·무역·수공업 연합, 튀니지 인권연맹, 튀니지 변호사회가 참여해 출범한 기구이다. 튀니지 혁명이 촉발되고 튀니지가 내전으로 치달을 뻔한 상황에서 평화적인 정치

● 2015 노벨 평화상을 수상한 튀니지 국민4자대화기구

과정을 구축하고, 갈등하던 세력들을 중재해 평화적으로 과도 정부를 구성했다는 평가를 받았다. 또한 모든 국민에게 평등한 기본권을 부여해야 한다고 주장하며 헌법 체계를 확립하는 데 이바지했다.

튀니지는 아랍 국가에서는 드물게 민주화에 성공했다는 평가를 받았다. 하지만 10년이 지난 지금, 심각한 경제난과 정치적 갈등 등 튀니지의 현실은 녹록지 않다. 최근의 개헌으로 대통령 권한이 확대되면서 일각에서는 독재 정치로 회귀하는 것이 아니냐는 우려의 목소리가 커지고 있다.

코로나19와 우크라이나 전쟁이 초래한 식량(밀) 가격 상승, 실업률 증가는 사회 불안을 가중시키고 있다. 그러나 성공 여부를 말하기에는 아직 시기상조이다. 각 나라들은 자국의 역사적 배경과 현실에 따라 각지의 방식으로 민주주의를 이행해 간다. 혁명은 단기성 이벤트가 아니라 민주주의로 가는 지난한 과정이라 할 수 있다.

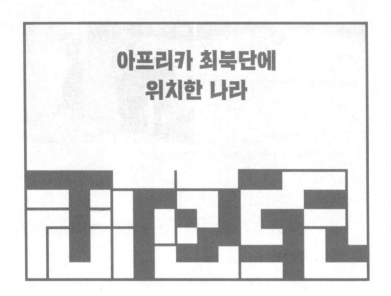

아프리카 최북단에 위치한 나라

지중해와 사막이 공존하는 나라

아프리카 대륙의 최북단에 위치한 튀니지는 북아프리카 국가 중에서 국토가 작은 편에 속한다. 튀니지의 국토 면적은 국경에 인접한 알제리와 리비아의 10분의 1에 못 미치고 한반도 면적의 4분의 3 정도에 불과하다. 남북으로 가늘고 긴 지형은 다양한 기후와 독특한 자연 경관을 보여준다.

튀니지는 한국과 비슷한 북위 30~38도에 위치해 있다. 한국은 사계절이 뚜렷한 대륙성 기후이지만 튀니지는 계절의 변화가 크지 않은 지중해성 기후이다. 다만 한국만큼 뚜렷하지는 않지만 계절마다 고유한 특성이 있다. 해안과의 근접성, 사

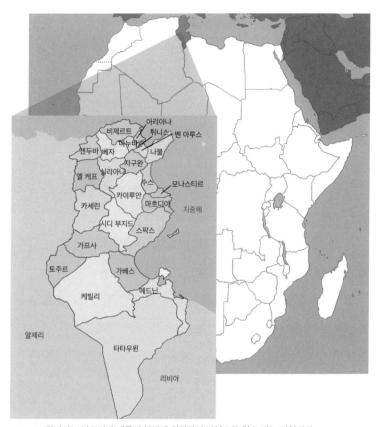

● 튀니지는 아프리카 대륙의 북단에 위치하며 남북으로 길고 가는 지형이다.

막의 영향 등으로 지역에 따라 계절이 달라지는데, 한 공간에서 두 계절을 만나는 것과 같은 매혹적인 경험을 할 수도 있다.

지중해 연안과 맞닿아있는 튀니지의 북쪽과 동쪽에는 1,350킬로미터에 달하는 해안이 있다. 국토가 남북으로 길게 뻗어있기 때문에 국토 면적에 비해 다양한 기후와 지형이

나타난다. 강수량은 겨울철에 집중되어 있고, 북쪽에서 남쪽으로 내려갈수록 점차 감소해 건조한 사막 기후가 나타난다.

북부 지역

튀니지 북부 지역은 아틀라스산맥이 북동 방향으로 가로질러 산지와 평원으로 이어지는 텔 지대가 펼쳐진다. 튀니지 전체 면적의 3분의 1을 차지하며 북쪽의 해안가를 따라 도시가 발달해 인구 밀도가 높다. 토양도 비옥해 농업이 발달했다.

북부 지역의 지중해성 기후는 튀니지 기후의 가장 중요한 특징으로 겨울에는 온화하고 비가 많이 내린다. 여름에는 덥고 건조한 날씨가 지속되지만 높은 기온에 비해 평균 습도가 낮아 그늘진 곳은 쾌적하고 시원하다.

중동부 지역

중동부 지역은 지중해와 내륙 평야를 따라 분포한 해안 지역을 포함한다. 일부는 지중해성 기후를 띠고 일부는 반건조 기후에 가깝다. 중요한 해안 지역인 이곳은 사힐 지역(아랍어로 '해안'이라는 뜻)이라고도 부른다.

지중해 해안 지역은 하마멧, 수스, 마흐디아 등의 해안 도시가 발달해 있고 무역, 경제, 관광 등 튀니지 근대 역사의 근간을 이루는 중요한 지역이다. 비옥한 토양 덕분에 세계 최고의 올리브 재배 지역으로도 유명하다.

남부 지역

남부 지역으로 내려오면 사하라 사막과 오아시스가 있는 척박한 지형으로 급변한다. 튀니지에 걸쳐있는 사막은 튀니지 국토의 약 20퍼센트 정도 차지한다.

튀니지 남부의 여름은 작열하는 태양만 존재하는 것처럼 뜨겁다. 한여름의 기온은 45~46도에 육박하고 연간 강수량은 100밀리미터를 넘지 못한다. 광활하게 펼쳐진 모래 언덕을 지날 때면 눈을 뜨기조차 힘든 모래 폭풍을 만날 수도 있다.

튀니지의 겨울

1년 내내 해변에서 일광욕과 수영을 즐길 수 있을 거라고 생각했다면 오산이다. 튀니지의 겨울철 평균 온도는 16~18도 사이로 온화하지만 아침과 저녁은 5~6도까지 떨어지는 쌀쌀한 날씨이다. 난방 시스템이 발달하지 않은 이유도 있겠지만 튀니지 사람들이 느끼는 겨울 체감 온도는 더 낮다. 그래서 두꺼운 패딩을 입거나 털모자를 쓰기도 한다. 북쪽의 고원 지대는 상대적으로 평균 기온이 더 낮다. 때로는 영하로 떨어지는 날도 있다.

● 눈 내린 유구르타 테이블

● (좌) 2017년 튀니지 북서부에 위치한 젠두바에서 폭설로 약 1,000명의 운전자가 고립되었다. 당시 기온은 영하 5도까지 떨어졌다. (우) 2023년 아인 드라함에 내린 폭설

아틀라스산맥 끝자락에 위치한 북서쪽 산악 지역은 하이킹과 야외 활동 애호가들의 성지이다. 12~2월에는 때때로 눈이 내려 눈 덮인 평원과 절벽이 절경을 이룬다. 그러나 제설 시스템이 부족하다 보니 갑작스럽게 폭설이 내리면 인명 피해가 생기기도 한다. 2019년에는 갑작스러운 한파로 사상자가 발생했고, 2017년에는 젠두바에 심한 눈보라가 몰아쳐 1,000명 이상이 차 안에 갇혀 옴짝달싹할 수 없었던 적도 있다. 최근에는 실리아나, 아인 드라함, 엘 케프 등 북쪽 내륙 지역에 24시간 폭설이 내려 도로가 차단되는 불편을 겪기도 했다.

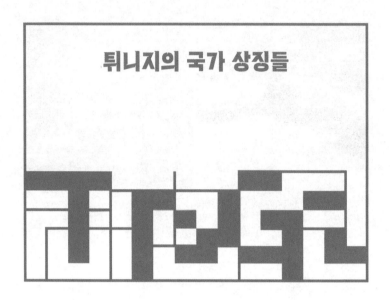

튀니지의 국가 상징들

국기

튀니지의 국기가 현재와 같은 모습을 갖추기 시작한 것은 19세기 이후부터다. 오늘날의 튀니지 국기는 1831년에 채택된 디자인으로 알 후사인 2세 이븐 마흐무드 *Al-Husayn II ibn Mahmud* 가 디자인했다.• 1959년 튀니지공화국의 국기로 공식 제정되었고, 현재의 국기는 1999년에 최종 수정되었다.

20세기 중반 많은 아프리카 국가가 식민 통치에서 독립한 후 자신들의 정체성을 표현하기 위해 국기를 새롭게 디자인했

• 일부 출처에서는 1835년에 채택된 것으로 나온다.

다. 그러나 튀니지의 국기는 독립 후에도 큰 변화가 없었다. 이미 아랍 국가라는 정체성과 통합에 대한 강한 의식이 있었고, 국기를 유지함으로써 역사와 문화유산에

● 튀니지 국기

대한 존중을 보여주고자 했기 때문으로 보인다.

국기의 바탕은 빨간색이고 중앙에 흰색 원이 있으며, 그 중심에는 초승달이 오각별을 품고 있다. 빨간색 바탕은 순교자들의 피를 상징하고, 흰색 원은 평화를 의미한다. 초승달은 무슬림의 단결을, 오각별은 이슬람교의 다섯 기둥인 신앙 고백(샤하다), 기도(살라트), 성지 순례(하즈), 금식(사움), 헌금(자카트)을 의미한다.

국장

국장은 국가의 권위와 주권을 나타내는 중요한 상징이다. 외국 기관에 발송하는 중요한 문서, 훈장이나 대통령 표창장, 재외 공관의 건물 등에 주로 사용한다. 여권에도 그 나라의 국장이 있다.

튀니지의 국장은 독립을 선포한 1956년에 새롭게 디자인

● 튀니지 국장　　　　　　● 여권에 사용된 튀니지 국장

된 황금색 방패 문양을 사용하면서 오늘날과 유사한 국장의 형태가 나타났다. 현재의 국장은 1989년에 변경된 국장이다. 황금 방패의 중앙에는 국가의 모토인 '자유', '질서', '정의'를 뜻하는 아랍어가 쓰여있고 이 세 가치를 상징하는 문양이 방패 안을 채우고 있다.

　2014년에 채택된 헌법 제4조에 의하면 튀니지의 모토는 '자유, 존엄, 정의, 질서'로 규정하고 있다. 하지만 현재의 국장 모토에는 '존엄'이라는 단어가 빠져있기 때문에 헌법에 부합하지 않는다는 논란이 있었다. 이런 이유로 국장을 재디자인하기 위해 대국민 공모전을 열었으나 아직까지 적절한 대안이 없다고 판단해 1989년의 국장을 유지하고 있다.

튀니지의 국가인 〈후마 알 히마*Humat al-Hima*(조국의 수호자)〉는 독립 그리고 국가 통합을 위한 튀니지의 투쟁을 상징하는 내용을 담고 있다. 가사는 레바논 태생의 이집트 시인 모스타파 사데크 알 라페이*Mostafa Saadeq Al-Rafe'ie*와 튀니지 시인 아불-카심 엣셉비*Aboul-Qacem Echebbi*가 쓴 시에서 가져왔다. 곡은 이집트의 유명 작곡가이자 음악가인 무함마드 압둘 와합*Mohammed Abdel Wahab*이 작곡했다.●

튀니지는 독립 후 정권이 바뀔 때마다 국가도 바뀌었다. 1956년 프랑스로부터 독립한 직후에는 베이*Bey*(총독)의 통치하에 군주제가 되었다. 그다음 해에 마지막 왕이 퇴위하면서 군주제가 폐지되고 튀니지공화국으로 전환되었는데, 군주제 기간 동안 〈후마 알 히마〉가 국가로 채택되었다. 그러나 1957년 하비브 부르기바*Habib Bourguiba* 대통령이 집권하면서 〈알라 칼리디*Ala Khallidi*〉라는 새로운 국가가 채택되어 1987년까지 사용되었다. 1987년 벤 알리*Zine El Abidine Ben Ali* 대통령이 권력을 잡자 〈후마 알 히마〉를 다시 국가로 부르기 시작했고 현재까지 유지되고 있다. 여기서는 현재 튀니지의 국가 중 1절의 가사를

● 작곡은 학자들 사이에서 논쟁의 대상이다. 튀니지의 음악학자인 살라 엘 마흐디(Salah El Mahdi)는 아흐마드 카이르딘(Ahmed Kheireddine)이 작곡했다고 주장한다.

살펴보고자 한다.

※ 아랍어는 오른쪽에서 왼쪽으로 기입한다.

لتدو السماوات برعدها

하늘이 천둥소리로 포효하게 하라

لترم الصواعق نيرانها

번개가 불과 함께 내리게 하라

إلى عز تونس إلى مجدها

튀니지의 영광을 위해 일어나라

رجال البلاد وشبانها

이 나라의 국민과 젊은이들이여

فلا عاش في تونس من خانها

이 나라에는 반역자들이 설 자리가 없으니

ولا عاش من ليس من جندها

오직 튀니지를 수호하는 사람들의 땅이니라

نموت ونحيا على عهدها

우리는 튀니지에 충성하며 죽고 살 것이다

حياة الكرام وموت العظام

존귀한 삶과 영광스러운 죽음으로써

튀니지
국가 듣기

حماة الحمى يا حماة الحمى

조국의 수호자여, 오! 조국의 수호자여

هلموا هلموا لمجد الزمن

모여라, 우리 시대의 영광을 위해 모두 모여라

لقد صرخت في عروقنا الدماء

피가 우리의 핏줄 속에서 끓어오르는 한

هلموا هلموا لمجد الزمن

우리는 조국을 위해 희생하리라

국화

　모든 나라에 법적으로 공식화된 국화가 있는 것은 아니다. 그 나라의 역사나 문화에 깊이 뿌리내린 꽃을 자연스럽게 국화로 여기기도 한다. 아프리카 대륙에서는 제2차 세계 대전 이후 국민이 선호하는 꽃을 국화로 채택하는 경우가 많았다. 튀니지 역시 공식적으로 지정된 국화는 없지만 재스민이 튀니지의 역사, 문화, 독립 투쟁의 중요한 상징으로 널리 인식되고 있다. 튀니지의 통화나 문장(紋章)에 재스민이 국가 상징으로 사용된다.

　재스민은 실생활에서 활용도가 높은 꽃이다. 순결과 헌신을

● 튀니지의 국화, 재스민

● 마쉬뭄

상징하기 때문에 결혼식장의 장식이나 부케로 빠지지 않으며, 주요 행사의 화환으로 자주 사용된다. 재스민의 향기는 달콤하고 은은해 차로 즐기기에 좋다. 향수를 만드는 데도 활용된다.

시디 부 사이드의 거리를 걷다 보면 재스민꽃으로 만든 마쉬뭄을 파는 상인들을 볼 수 있다. 정교하게 만든 마쉬뭄으로 귀와 머리를 장식하기도 하고 목에 걸기도 한다. 재스민은 튀니지 사람들의 일상 속에 다양한 방식으로 스며들어 사랑받고 있다.

국교

튀니지는 인구의 98퍼센트가 수니파 무슬림으로 구성된 이슬람 국가이다. 이슬람교를 제외한 기독교, 유대교, 토착 종교가 나머지 2퍼센트를 이룬다. 튀니지는 이슬람교를 국교로 지정한 국가이지만 정치 체제는 헌법에 기초하고 있다.

2014년 신헌법은 종교의 자유를 보장하고 종교에 근거한 차별을 금지하며 모든 시민은 종교와 상관없이 동등한 대우를 받을 권리가 있다고 명시하고 있다. 또한 국가는 종교 기관에서 중립을 유지하고 예배 장소의 신성함을 보호할 의무를 지닌다.

튀니지 국민이 이슬람교에서 다른 종교로 개종하는 것은 합법이다. 물론 국교가 이슬람교이고 무언의 사회적 압박 때문에 개종이 자유롭지만은 않다. 공공질서를 어지럽히지 않는 한 외국인들의 종교 활동도 보장한다. 다만 표현의 자유에 대한 몇 가지 제한을 규정하고 있다. 종교에 대한 공격과 비난은 삼가야 하며, 외국인이 튀니지 사람을 대상으로 하는 선교 활동은 금지되어 있다.

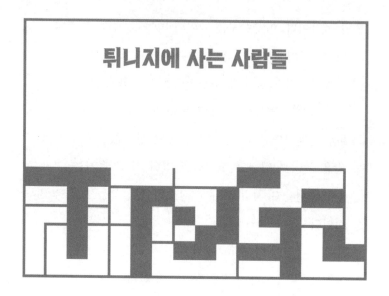

튀니지에 사는 사람들

인구의 대다수를 차지하는 아랍인

튀니지는 아랍인이 전체 국민의 약 98퍼센트를 차지한다. 튀니지 헌법은 튀니지를 아랍 국가로 명시하고 국가의 언어도 아랍어로 규정하고 있다. 종족, 부족 혹은 지역적인 이슈로 갈등을 겪는 아랍 국가들이 많지만, 튀니지는 튀니지인이라는 확고한 정체성이 국가를 통합하고 안정을 촉진하는 데 중요한 역할을 해 왔다. 나머지 2퍼센트는 베르베르인, 유대인, 유럽인 등 소수 집단으로 구성되어 있다.

베르베르인은 북아프리카 원주민으로 튀니지뿐 아니라 북
아프리카 일대의 넓은 지역에 분포하며 대부분 알제리와 모로
코에 거주하고 있다. 튀니지에서는 북부 지역에 일부 분포하
고 마트마타, 제라우아, 타우주트, 제르바 등 남부 지역에 집중
되어 있다. 베르베르인은 고유한 언어와 문화를 유지해 왔으
며 로마 제국과의 충돌이나 이슬람이 확산되는 과정에서 중요
한 역할을 했다.

베르베르인을 다른 표현으로 '아마지그*Amazigh*'라고도 부르

● 전통 의상을 입은 베르베르인 여성

는데, 아마지그와 베르베르는 각각 다른 역사적, 문화적 맥락에서 사용된다. 아마지그의 어원은 '자유로운 사람', '고귀한 사람'이라는 뜻이다. 베르베르는 아랍어로 '야만인*Barbarian*'이라는 부정적인 의미를 내포하고 있다. 그래서 베르베르인이 스스로를 칭할 때는 아마지그라고 한다. 언어는 타마지그*Tamazight*를 사용하고 튀니지 내에서도 다양한 방언이 존재한다.

아랍인의 정복과 이민으로 베르베르인의 문화와 정치적 지위는 상당히 약화되었다. 하지만 20세기 이후 자신들의 정체성과 권리를 주장하는 운동이 일어나고 있으며, 튀니지에도 베르베르 문화와 언어를 보존하기 위해 2011년 튀니지 아마지그 문화협회를 창설되었다. 오늘날 대부분의 튀니지 사람들은 7세기 이후 유입된 아랍인과 토착민 베르베르인이 혼혈화 및 아랍화된 것이다.

튀니지에서 사용하는 언어와 문자

아랍어

튀니지 헌법은 아랍어를 국가의 언어로 규정한다. 국민의 90퍼센트 이상이 아랍어를 모국어로 사용한다. 프랑스어는 공용어로 지정되지는 않았지만 과거 프랑스 식민지였기 때문에 일상생활에서 널리 사용되고 있다. 도시 지역에서는 아랍어와 프랑스어가 함께 사용되며 특히 교육, 비즈니스, 관광 등의 분야에서 프랑스어 사용이 두드러진다. 반면 지방으로 갈수록 아랍어 사용 비중이 높다.

아랍어 사용 정책

1956년 독립 후 튀니지 정부는 식민지 잔재에서 벗어나고 아랍 국가로서의 정체성을 유지하기 위해 강력한 아랍어 사용 정책을 도입했다. 아랍어 사용을 강화하고 프랑스어 사용을 줄이는 정책이었다. 프랑스어로 적혀있던 정부의 공식 자료와 문서, 행정 법률 문서 등을 모두 아랍어로 번역하고 아랍어로 된 정부의 공식 문서에만 법적 효력을 부여했다. 국영 방송사에서는 아랍어 프로그램의 제작 비율을 높이고 교육 체제에서는 아랍어를 교육어로 채택하는 등 아랍어의 사용을 늘리기 위해 다각도로 노력했다.

그러나 깊이 뿌리 내린 프랑스 문화의 영향과 정치적, 사회적 요인으로 프랑스어 사용 빈도는 여전히 높은 편이다. 특히 고등 교육에서는 프랑스어 사용이 불가피한 실정이고, 프랑스에서 교육받은 엘리트 집단이 교육 현장에서 영향을 미치고 있다.

구어체 아랍어, 데리자

튀니지에서 사용하는 아랍어는 크게 표준 아랍어인 '푸스하'와 구어체 아랍어(방언)인 '암미야'로 구분된다. 튀니지 헌법 제1조에서 규정하는 국가의 언어 아랍어는 '현대 표준 아랍어*Modern standard Arabic*', 즉 푸스하를 의미한다. 푸스하는 공식적인 정부 문서, 뉴스, 신문, 서적, 학교 교육에 쓰인다. 이슬람교의 경전인 쿠란과 아랍 문학은 고전 아랍어를 근간으로 하고 있기 때문에 한국어에 비유하면 '~습니다', '~하옵니다' 등과 같은 느낌이 난다. 푸스하는 아랍 국가에서 공식 언어로 쓰이므로 튀니지 사람이 아랍어를 쓰는 다른 국가에 방문하는 경우에도 읽고 쓰는 데는 큰 어려움이 없다.

반면 일상생활에서 가족, 친구 등과 대화할 때는 각기 다른 형태의 방언을 사용한다. 특히 튀니지에서는 데리자*Derija*라고 불리는 구어체가 널리 사용된다. 데리자는 억양, 발음, 문법 등이 변형되어 토착화된 언어로 해당 지역의 영향을 많이 받았다. 베르베르어, 프랑스어, 영어 등이 혼재되어 독특한 아랍어 방언이 탄생한 것이다. 인근의 모로코와 알제리도 각자의 구어체 아랍어를 사용하기 때문에 튀니지, 모로코, 알제리 사람들 간에 완전한 의사소통은 이루어지기 어렵다.

그렇다면 튀니지 사람을 비롯해 아랍 사람들은 왜 일상 대화에서 표준 아랍어를 사용하지 않고 각기 다른 형태의 방언을 사용할까? 그 이유로 문법의 단순화와 발음의 편리함을 들 수 있다. 표준 아랍어는 동사 활용, 명사 변화, 문장 구조 등 문법 규칙이 정교하고 까다롭다. 반면 데리자는 문법 구조가 단순하고 문장 구조가 유연하다. 발음 역시 음성을 단순화하거나 생략해 사용자가 더 쉽게 접근할 수 있다.

아랍어를 사용하는 나라는 20개국이 넘는다. 언어 하나만 배우면 아랍 세계에서 의사소통이 모두 해결되어 편리할 거라 짐작했다면 오산이다. 일상 대화에서는 각 국가 또는 지역마다 각각의 아랍어 방언을 사용하기 때문에 표준 아랍어와 해당 국가의 아랍어를 배워야 읽고 쓰고 듣고 말하기가 가능해진다.

데리자 배워보기

　데리자는 튀니지 사람들이 일상생활에서 사용하는 아랍어 방언이다. 다음은 알아두면 유용하게 사용할 수 있는 표현이다.

튀니지 데리자	발음	의미
Aslema	아슬레마	안녕하세요
Salem	쌀렘	안녕
Bislema	비슬레마	안녕히 가세요
Lebes	레베스	잘 지내요(괜찮아요)
Ey shik / Shoukran	아이식/슈크란	감사합니다
Chahiya tayba	샤히야 따이바	맛있게 드세요
Chnoua esmek?	쉬누아 에스멕?	이름이 뭐예요?
Chnoua hedhi?	쉬누아 헤디?	이건 뭐예요?
Samahani	사마흐니	미안합니다.
Chkoun?	쉬쿤?	누구세요?
Fisa	피사	빨리
Barsha	바르샤	많이
B'kadesh?	비 까데쉬?	얼마예요?

함께 생각하고 토론하기

사람들은 튀니지가 아프리카 대륙에 위치하기 때문에 1년 내내 무더울 것이라 생각합니다. 그러나 튀니지는 계절의 변화가 비교적 뚜렷하고, 남북으로 길게 뻗은 지형으로 지역에 따라 다양한 기후를 보입니다. 지중해와 접해 있는 북동부 지역은 온화한 기후이고, 북부 산간 지역은 겨울에 눈이 내리며, 사하라 사막과 이어진 남부 지역은 덥고 건조합니다.

우리는 더운 지역을 가리켜 '~프리카'라는 말을 종종 사용합니다. 가장 대표적인 예로 대구의 더운 여름을 '대프리카'라고 부르지요. 하지만 아프리카 대륙의 모든 나라가 더울 거라는 생각은 편견입니다. 아프리카의 사하라 사막이나 사헬 지역 부근은 덥고 건조한 기후이지만 에티오피아의 고지대는 우리나라의 가을처럼 선선하고, 알제리나 모로코에는 폭설이 내리기도 합니다. 넓은 대륙의 크기만큼이나 아프리카에는 다양한 기후가 존재합니다.

● 내년 1월에 튀니지로 떠나는 여행 계획을 세운다면 어떤 계절의 옷을 준비해야 할지 이야기해 봅시다.

● ● '아프리카 대륙의 모든 나라가 항상 더울 것이다'처럼 우리가 갖고 있는 아프리카에 대한 편견이나 고정관념은 어떤 것이 있을까요?

2부

튀니지 사람들의
이모저모

웃어라, 인생도 너와 함께 웃을 것이다.

아랍 세계의
여성 인권을 견인하다

튀니지는 아랍 및 이슬람 세계에서 여성의 권리와 양성평등을 증진하는 데 상당한 진전을 이루었다. 다른 이슬람 국가들과 비교할 때 여성 권리 신장을 위한 목소리와 비판이 비교적 자유롭고 활발하게 이루어지는 국가로 평가받고 있다.

4세기 동안의 이슬람 보수주의 시대를 거쳐 독립한 이후 튀니지 정부는 개방 정책을 펼치며 다양한 개혁을 단행했다. 대표적인 사례로 '개인 신분법'의 도입을 들 수 있다. 이 법은 일부다처제를 폐지하고 일부일처제를 법제화했으며, 남성이 일방적으로 이혼을 선언하는 제도를 폐기하고 이혼에 대한 법적 절차를 도입했다. 이러한 변화로 여성의 법적 지위가 개선되었고, 교육과 고용 기회가 증가하면서 여성도 국가 경제 발전의 주요 주체가 되었다. 튀니지 여성은 사회의 거의 모든 분야에서 중추적인 역할을 하고 있을 뿐만 아니라 아랍과 이슬람 세계에서 여성의 권리 신장을 위한 선도적 역할을 하고 있다.

여성의 인권을 담은 헌법 46조

2011년 튀니지에서 시작된 '아랍의 봄' 민주화 운동은 여성 인권 강화에 큰 기여를 했다. 2014년에 제정된 새 헌법은 성별에 따른 차별을 금지하고 여성의 평등한 권리와 기회를 보장하는 내용을 담았다. 특히 헌법 제46조는 여성의 권리를 보호하고 발전시키며 여성에게 평등한 기회를 보장하는 것을 국가의 책무로 명시하고 있다.

정치계에서도 여성의 활동이 두드러진다. 2018년 튀니지 역

● 수아드 압데라힘 튀니스 시장　　● 나즐라 부덴 롬단 총리

사상 최초로 여성 튀니스 시장이, 2021년 튀니지 최초의 여성 총리가 선출되었는데, 아랍 국가에서 첫 여성 총리라는 상징성을 가진다. 이외에도 2022년 튀니지 국회에서 여성 의원의 의석 비율이 26퍼센트를 넘었다. 같은 시기 한국 국회에서 여성 의원의 의석 비율은 19퍼센트였다.

여성 인권의 변화

튀니지에서는 1973년 제정된 결혼법에 반대하는 수년간의 캠페인 끝에 무슬림 여성도 비무슬림 남성과 합법적으로 결혼할 수 있게 되었다. 과거 튀니지 남성은 종교와 관계없이 배우자를 선택할 수 있었지만 무슬림 여성은 비무슬림 남성이 무슬림으로 개종하고 증명서를 제시해야만 합법적으로 결혼할 수 있었다. 50년 만에 관련 법이 폐지되면서 튀니지 여성도 배우자 선택의 자유가 보장되었다.

튀니지의 여성 폭력 보호법은 아프리카 국가에서 역사적인 이정표로 기록되고 있다. 여성에게 가해지는 모든 형태의 폭력을 불법으로 분류하고, 폭행범이 피해자와 결혼하면 형벌을 면하게 하는 악법도 폐지됐다.

튀니지의 진보적인 사회 정책과 법률 개혁은 성평등 증진에 기여하며 아랍과 이슬람 국가에서 선구적이라는 평가를 받는다. 그러나 일각에서는 법률이나 제도적 변화가 급진적인 것에 비해 튀니지의 오래된 가부장적 사회 문화는 이러한 변화를 따라가지 못한다는 평가도 있다. 여전히 종교적인 관습이 강하게 남아있기 때문이다.

튀니지의 여성 파워

무슬림 최초 여성 의사 타우히다 벤 셰이크

튀니지 중앙은행은 2020년 새로운 10디나르 지폐를 발행했다. 새 지폐의 주인공은 튀니지 의료 역사에 큰 획을 그었던 여성 의사 타우히다 벤 셰이크 *Tewhida Ben Sheikh* 이다.

● (좌) 가족계획 인식 제고 캠페인을 벌이고 있는 타우히다 벤 셰이크
(우) 튀니지 화폐 10디나르의 주인공

그녀는 지폐에 등장한 세계 최초의 여성 의사이자 튀니지와 북아프리카 최초의 무슬림 여성 의사이다. 전통적인 성 역할이 깊이 자리 잡은 보수적인 이슬람 사회에서 그녀는 배움에 대한 열정이 남달랐다. 1920년대 튀니지에 의과대학이 없었던 시절, 그녀는 프랑스에서 의학 학위를 받아 튀니지로 돌아온 후 여성을 위한 무료 진료소를 열어 환자를 돌보았다. 산부인과와 소아과 의사였던 타우히다 벤 셰이크는 여성

들이 현대 의료에 더 쉽게 접근할 수 있도록 노력했으며 1973년 가족계획이 합법화되자 튀니지 최초로 가족계획 클리닉을 설립해 여성들의 건강과 권리에 공헌했다.

혁명의 뮤즈, 아미라 야흐야위

● 아미라 야흐야위

아미라 야흐야위 *Amira Yahyaoui* 는 여성 인권 운동가이며 비정부 기구 알 바우살라 *Al Bawsala* 를 설립한 사회적 기업가이다. 인권 운동을 했다는 이유로 10대 시절 고국에서 추방당하고 망명 생활을 하다가 튀니지 혁명 이후 고국으로 돌아온 그녀는 알 바우살라를 설립해 시민들이 의회의 활동을 모니터링할 수 있는 시스템을 만들었다. 아랍의 봄 이후 중동과 북아프리카의 민주주의와 인권 운동을 한 공로를 인정받아 분쟁 예방상, 노르웨이 린더브레이크 *Linderbraeke* 인권상 등을 수상했으며, 영향력 있는 아랍 및 아프리카 여성 중 한 명으로 손꼽힌다. 2016년 가장 영향력 있는 젊은 아프리카인 100인에 이름을 올렸다.

히잡을 선택할 자유

튀니지 여성들이 주로 착용하는 이슬람 의복은 히잡●이다. 종교적 복장이지만 다양한 색상으로 개성을 표현하고 자유로운 복장과 액세서리로 아름다움을 돋보이게 한다.

튀니지는 근대화 과정에서 히잡 착용을 금지했으나 2011년 히잡 착용 금지법을 부분적으로 해제했다. 이후 학교와 관공서 등 공공장소에서는 히잡을 자유롭게 착용할 수 있었다. 이슬람 국가에서 히잡 착용을 금지했다는 것이 아이러니하지만 튀니지의 사회 정치적 변화와 역사적 맥락을 고려하면 이해

● 히잡은 아랍어로 '가리다' 혹은 '격리하다'라는 뜻으로, 무슬림 여성들이 착용하는 베일을 통칭한다.

● 다양한 스타일의 히잡

할 수 있다.

　히잡은 이슬람 국가의 정체성을 상징하기도 하고 서구화 또
는 근대화의 척도로 읽히기도 한다. 하비브 부르기바 초대 대
통령은 히잡과 같은 종교적 상징을 규제함으로써 공공 생활에

서 종교의 영향력을 최소화하고 국가 단합을 도모했다. 1981년 학교와 관공서에서 히잡 착용에 대한 금지령이 발효되었고, 종교의 색채가 드러난 복장을 하고 등교할 경우 퇴학 처분을 받을 수 있었다. 1987년 벤 알리 대통령 집권 후에는 단속이 더욱 심해졌다. 2006년에는 일부 공공장소에서 히잡 착용을 금지한다는 캠페인을 벌이며 단속을 강화했다.

그러나 튀니지 혁명 이후 복장 규제가 완화되었다. 자신의 신념에 따라 히잡 착용 여부를 선택하고 종교적 신념을 표현할 수 있게 했다.

히잡 이슈는 개인의 권리, 종교의 자유, 국가 정치 사이의 균형을 찾는 과정에서 지속적으로 논의되는 주제이다. 논쟁의 핵심은 히잡 착용의 금지 여부를 넘어서 여성이 히잡을 착용할지 말지를 스스로 결정할 수 있는 권리, 즉 자기 결정권에 관한 문제로 진화하고 있다. 이는 히잡 착용 여부는 외부의 압력이 아닌 개인의 선택에 의해 이루어져야 함을 강조한다. 또한 히잡으로 인해 사회 내에서 어떠한 차별이나 위협도 가해져서는 안 된다는 점을 명확히 한다.

튀니지의 의료 시스템

건강은 권리이다

튀니지 신헌법 38조는 "건강은 모든 인간의 권리이다."라고 명시하고 있다. 의료를 인권으로 강조함은 물론 의료 서비스를 국가의 의무로 규정했다. 또한 국가가 모든 국민에게 의료와 치료를 보장하는 동시에 의료 서비스의 안전과 질 역시 보장해야 하며, 소득이 제한된 사람에게는 무상으로 의료 서비스를 제공할 책임이 있다고 밝혔다.

독립 직후 보건 의료 체계를 확립하고 안정시키는 것은 튀니지 정부의 최우선 과제였다. 1960년대와 1970년대에는 튀니스, 수스, 스팍스와 같은 주요 해안 도시를 중심으로 대규모

병원을 건설하고 1970년대와 1980년대에 들어서는 지방과 외곽 지역에도 공공의료 시설에 대한 투자를 늘려나갔다. 그 결과 1990년대에는 영유아 사망률 감소, 산모 건강 개선과 같은 대표적인 건강 지표들이 눈에 띄게 향상되었다.

아프리카의 의료 선진국, 강력한 공공의료 시스템

튀니지는 아프리카에서 상당히 발전된 의료 체계를 갖춘 나라로 손꼽힌다. 특히 튀니지 의료의 강점은 강력한 공공의료 시스템이다. 모든 시민이 접근할 수 있고 저렴한 의료 서비스를 제공하겠다는 정부의 약속은 가계의 의료비 부담을 크게 줄였다.

튀니지의 국민의료보험을 '국민건강보험기금*CNAM, Caisse Nationale d'Assurance Maladie*'이라고 한다. 기존의 의료 시스템을 통합하고 보장 범위를 확대하는 등의 개편 작업을 거쳐 2004년에 도입되었다. 모든 튀니지 시민과 거주자는 의무적으로 가입해야 하고, 다른 형태의 의료보험까지 포함하면 국민의 90퍼센트 이상이 국민건강보험기금에 가입되어 있다.•

튀니지는 강력한 공공의료 시스템을 갖추고 있다. 완전한

• World Health Organization(2015)

● 2024년부터 도입된 전자 건강보험 카드

무상 의료는 아니지만 민간 의료 시설에 비해 의료비가 현저하게 낮다. 튀니지 의료 시스템은 의료 서비스를 받고 의료비를 먼저 지불한 뒤 1~2개월 후에 환급받는 형태이다. 최근에는 취약 계층을 대상으로 의료 지원을 확대하기 위해 수혜자 범위와 지원을 늘리는 무료 건강보험 프로그램을 시행했다.

향상된 보건 지표

의료 환경을 개선하고 보편적 의료 보장을 달성하기 위해 노력한 결과 기대 수명, 영유아 사망률, 모성 사망률과 같은 대표적인 건강 지표에 상당한 진전을 보였다. 기대 수명은 지난 60년간 44세에서 74세로 증가해 세계 평균 71세보다 높은 수준으로 향상되었다.● 모자 보건의 경우 다양한 정책과 프로그램을 시행한 결과 영아 사망률과 모성 사망률이 급격히 감소해 유엔의 새천년개발목표 달성이라는 성과를 가져왔다. 또한 의

● World Bank(1960~2021)

료 시스템에 부담을 주는 말라리아, 소아마비, 주혈흡충증 같은 치명적인 질병을 근절하고 통제해 왔다.

지난 수십 년간 튀니지의 의료 분야는 가시적인 성과를 거두었지만 여전히 개선해야 할 부분이 산재해 있다.

첫째, 의료 인프라의 지역적 불균형을 들 수 있다. 이는 오래전부터 지적된 문제로 주로 해안 도시에 의료 시설이 편중되어 있고 남부 내륙으로 갈수록 의료 환경이 열악하다.

둘째, 공공의료와 민간 의료 격차가 점차 벌어지고 있어 국민의 의료비 부담이 증가하고 있다.

마지막으로 가장 큰 문제는 전문 의료인의 두뇌 유출 현상이다. 이는 의료 서비스의 질을 저하시키는 주요 원인으로 지적된다.

이와 같은 문제에도 불구하고 튀니지는 아프리카 대륙에서 의료 시스템이 체계적으로 구축되어 있고 의료 환경이 잘 정비된 나라임에는 분명하다. 매년 증가하는 의료 관광객 수가 의료 서비스의 품질과 명성을 증명한다.

북아프리카 의료 관광의 허브

외화 수입원

튀니지는 수만 명의 외국인 환자가 의료 서비스를 받기 위해 튀니지를 방문한다. 아프리카 의료 관광의 허브인 셈이다. 2022년 튀니지 관광청의 발표에 따르면 의료 목적으로 연간 55만 명 이상의 관광객이 튀니지를 방문하고 있다.

튀니지의 의료 관광은 1990년부터 빠르게 성장했다. 〈국제 의료관광저널〉에 의하면 튀니지의 의료 산업은 전체 산업에서 두 번째로 많은 외화 수입을 가져다주고 있다. 의료 관광으로 방문한 환자 한 명이 체류 기간 동안 지출하는 비용은 약 3,000~6,000달러에 이른다.

● 2011년에 설립된 클리닉 한니발

2000년대 초반 의료 관광을 중개하는 회사들이 생겨날 당시에는 적잖은 정부의 규제에 부딪혔으나 이제는 연간 전체 관광 수입의 약 40퍼센트, 국내 총생산의 6퍼센트를 차지할 정도로 성장했다.[*] 이에 따라 튀니지 정부도 의료 관광을 촉진하고 더 많은 환자를 유치하기 위해 노력을 기울이고 있다. 외국 의료 방문객에게 의료 서비스에 대한 부가가치세를 감면해 주거나 병원에 의료 장비 및 기기에 대한 세금 면제 혜택을 주기도 한다. 보건부는 관광부의 지원을 받아 아프리카 의료관광회의를 개최해 잠재적인 환자 유치를 위한 국가 홍보에 나서

● 튀니지 관광청(2022)

● 1979년에 설립된 클리닉 따우픽

기도 했다.

　이러한 노력 덕분에 튀니지는 환자의 입국부터 치료, 회복, 치료 스케줄 관리, 출국까지 모든 과정을 원스톱으로 제공하는 의료 관광 생태계를 안정적으로 조성할 수 있었다.

아프리카 대륙과 유럽에서 오는 의료 관광객

　튀니지에 방문하는 의료 관광객은 가봉, 콩고, 코트디부아르 등의 사하라 사막 이남의 아프리카 지역과 인근의 알제리, 리비아에서 온 환자가 대부분이다. 주로 심장 수술, 안과 수술,

치과 치료를 받기 위해서이다. 그 외 유럽에서 오는 환자들은 의료보험이 적용되지 않는 미용 목적의 성형수술, 비만 치료, 해수 치료를 받기 위해 방문한다.

튀니지의 미용성형 분야에 대한 의료 기술의 수준과 평판은 탁월하다. 수술 비용이 저렴해 치료와 호텔 체류 비용을 다 합해도 유럽 현지에서 지출하는 비용보다 낮으며 서비스의 질은 유럽이나 미국 수준 못지 않아 관광객의 수가 꾸준히 증가하고 있다. 아랍어와 프랑스어라는 공통된 언어권, 저렴한 의료 비용, 환자가 이동하기에 부담 없는 지리적 위치, 치료 후 회복하기에 적당한 지중해성 기후와 숙박 시설 또한 의료 관광객을 사로잡기에 매력적인 요인으로 작용한다.

지중해에 몸을 담그다, 해수 치료

수치료는 물의 여러 형태와 효능을 이용한 치료법으로 고대 그리스와 로마 시대부터 이어져 내려왔다. 튀니지는 북부에서 남부로 흐르는 온천과 샘물, 긴 해안선 덕분에 수치료 분야에서 세계적으로 인정받는 국가로 자리매김했다. 전국에 미네랄 온천 1,000개 이상과 50여 개의 천연 수치료센터, 60여 개의 해수 치료센터를 포함한 네 개의 대규모 건강 단지가 있으며 이외에도 새로운 해수 치료센터를 완공하기 위해 준비 중

● (상) 하마멧에 위치한 해수 치료센터, (하) 제르바에 위치한 해수 치료센터

이다. 튀니지의 해수 치료센터는 보건부와 관광부의 인증을 받아야 하고 의료진, 시설 장비, 위생, 안전 등은 관련 법규에 따라 엄격하게 관리된다.

튀니지에 사용하는 수치료*는 크게 온천 치료, 담수 치료, 해수 치료로 구분할 수 있다. 탈라소테라피 *Thalassotherapy* 라고 불리는 해수 치료는 해수, 해조류, 모래, 진흙, 바람 등 바다의 여러 요소를 치료용으로 사용하는 요법으로 그리스어로 '바다'를 뜻하는 'thalassa'와 '치료'를 뜻하는 'therapia'가 합쳐진 용어이다. 튀니지는 풍부한 바다 천연 자원을 이용해 건강과 관광을 결합한 산업으로 발전시켰다.

해수 치료는 우리나라에서는 낯선 치료법이지만 프랑스와 독일에서는 의료보험이 적용되는 치료법으로 그 효과가 입증되었다. 상당수의 유럽 환자가 해수 치료를 받기 위해 튀니지를 찾는다. 초기에 튀니지가 의료 관광지로 명성을 얻을 수 있었던 것도 바로 해양 자원을 이용한 해수 치료의 영향이 컸다.

● 일반적으로 온천 치료는 미네랄이 풍부한 물을 이용한다. 해수 치료는 바닷물, 해초, 진흙, 해조류 등 해양 자원을 이용하고, 담수 치료는 일반 물이나 허브, 오일, 소금 등을 첨가한 물을 이용한다.

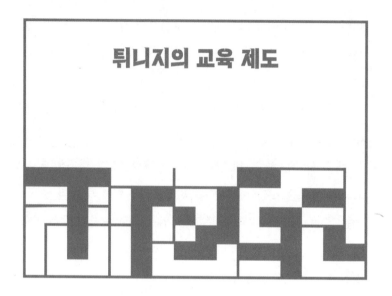

튀니지의 교육 제도

　식민 지배로부터 독립한 나라들은 대개 경제 성장과 국가 발전의 기반을 만들기 위해 교육 제도 개혁에 심혈을 기울인다. 교육은 식민 지배의 잔재에서 탈피하고 국가 정체성을 고취하기 위한 도구 중 하나이기 때문이다. 튀니지 정부 또한 프랑스로부터의 독립 이후 교육 부문 발전을 우선순위에 두고 보편적인 교육을 달성하기 위해 여러 번의 교육 개혁을 단행했다.

　성별이나 사회적 배경의 차별 없이 모두에게 교육 기회를 확대하기 위해 노력한 결과, 오늘날 튀니지는 만 6세에서 16세까지 의무 교육을 실시하고 대학(공립대학)까지 무상 교육을 제공하고 있다. 교육에 대한 대규모 투자와 개혁은 튀니지를 북아프리카 지역의 다른 국가와 차별화하는 결정적인 요소가 되었다.

2021년 튀니지 정부의 총지출 대비 교육비 지출은 약 12.8퍼센트를 차지했다. 2000년부터 2010년까지 20퍼센트가 넘었던 것과 비교하면 감소한 액수이지만 당시의 중동 및 북아프리카 국가들의 평균 교육 지출이 10퍼센트 초반대였던 것과 비교하면 상당히 고무적인 수치이다. 이는 튀니지 정부가 교육을 얼마나 중요하게 여기는지 단적으로 보여주는 예이다.

교육 과정

튀니지의 새 학기는 9월에 시작해 6월에 끝난다. 시험은 6월 말부터 7월 초에 전국적으로 실시되고 다음 학년으로 진학하지 못할 경우 해당 학년을 반복해야 하는 강력한 유급제를 시행한다.

튀니지의 교육 과정은 프랑스식 교육 제도의 영향으로 3단계로 구성되어 있다. 1단계는 우리나라의 초등학교와 중학교 과정을 합한 기본 교육 9년, 2단계는 고등학교에 해당하는 중등 교육 4년, 3단계는 대학 교육에 해당하는 고등 교육 3년까지 총 16년이다.

초등학교(6년)와 중학교(3년) 과정이 포함된 기본 교육 과정은 의무교육 기간이다. 새로운 교육법이 제정되기 전에는 초등학교 6년 과정이 전부였으나 1991년 새로운 교육법이 제정된 후 3년이 연장되어 6~16세까지 총 9년이 의무 교육 기간이 되었다.

중등 교육 과정은 한국의 고등학교에 해당하며 4년 과정으로 이루어진다. 대학 진학을 목표로 일반계 고등학교에 진학한 학생들은 처음 1년 동안은 공통 교과를 배우고 나머지 3년 동안 자신이 원하는 대학의 계열에 맞추어 선택 과목과 전공 과목을 추가로 배운다. 대학을 진학하려면 바칼로레아 *Bacaalauréat*(흔히 줄여서 '박^{bac}'이라고 함) 시험을 치러야 한다. 고등 교육 진학의 열쇠라고 할 수 있는 이 시험은 우리나라의 대학수학능력시험에 해당한다. 바칼로레아 시험은 사고력과 논리력을 판단하는 논술형과 구술형 문제가 출제된다.

고등 교육 과정은 대학교 과정으로 튀니지는 대학 교육(공립대학)을 포함한 전 교육 과정을 무상으로 실시하고 있고 대학 진학률도 상당히 높다. 튀니지 외에도 이집트, 모로코, 모리셔스 등 아프리카 국가 중에서는 대학 교육을 무상으로 제공하는 나라가 몇몇 있다.

튀니지에서 대학 졸업자는 지난 10년간 세 배가 증가했다. 이는 튀니지 정부가 고등 교육에 대한 기회를 늘리고 접근성을 확대하기 위해 부단히 노력한 결과이다.

유아 교육

튀니지 정부는 유아 교육을 촉진하기 위해 유아 교육의 중요성을 강조하는 캠페인을 벌이고 교육이 적절한 감독하에 운영되도록 정책적으로 지원하는 등 많은 투자를 해왔다. 그 결과 현재는 3~5세 어린이 두 명 중 한 명이 유치원에 다니고 있으며 그 수는 점점 증가할 것으로 예상된다.

만 3~5세 사이의 아동은 세 가지 형태의 유아 교육을 받을 수 있다. 종교부의 감독을 받는 쿠땁*Kouttabs*, 여성가족부 산하의 유치원, 교육부 관할의 예비 과정이다. 여성가족부 산하의 유치원은 표준 커리큘럼을 따른다. 이와 대조적으로 쿠땁은 어린이들을 돌보는 종교 기관으로 튀니지와 일부 이슬람 국가에서 볼 수 있는 교육 형태이다. 교육의 초점이 종교에 맞추어져 있으며 주로 읽기, 쓰기, 수학을 포함해 쿠란을 가르친다.

교육 언어의 아랍화

튀니지 교육의 가장 큰 변화는 프랑스로부터 독립한 직후에 나타났다. 튀니지는 아랍 국가의 정체성을 유지하기 위해 강력한 아랍어 사용 정책을 도입해 프랑스어 사용을 줄이고자 노력했다. 아랍어 사용 정책이 도입된 초기에는 교육 분야에 집중

● 튀니지 고등학교의 교정

● (좌) 엘 마나르 대학교, (우) 스팍스 대학교

적으로 추진했으며, 이러한 노력은 아랍어를 교육 언어로 채택하는 것으로 이어져 일부 자연과학 및 기술 과목을 제외한 전 교육 과정에 프랑스어 대신 아랍어를 사용하기 시작했다. 또한 프랑스식 교육 커리큘럼을 개혁해 아랍 문학, 이슬람 사상 및 튀니지의 역사를 강조하는 내용을 추가했다.

현재 튀니지 교육은 아랍어와 프랑스어로 이루어진다. 아랍어의 비중을 높이기 위해 노력해 왔지만 고등 교육으로 갈수록 프랑스어가 여전히 중요한 역할을 한다. 초등학교 4학년부터 정규 프랑스어 수업 이외의 전 과정이 아랍어로 이루어지지만 7학년부터는 영어, 스페인어 등 다른 외국어를 선택해 배운다. 중학교와 고등학교에서는 아랍어와 문학, 역사, 지리, 종교 과목을 제외하고 프랑스어로 수업이 진행된다. 프랑스어 수준이 떨어지면 고등 교육을 제대로 따라가기 어려워 상위 학년으로 갈수록 프랑스어는 중요한 비중을 차지한다.

높은 교육열

튀니지의 교육열은 매우 높은 편이다. 튀니지 부모들은 가계에 부담이 될지언정 자녀의 사교육을 마다하지 않는다. 공교육만으로는 대학에 입학하기 어렵다고 판단하기 때문에 많은 학생의 방과 후와 주말 스케줄은 과외로 빡빡하게 채워지고 있다. 최근에는 과외 연령이 점점 낮아져 초등학교 1학년 때부터 개인 교습을 받는 학생들이 증가하고 있다. 학부모를 대상으로 한 설문 조사에 의하면, 3분의 2이상의 학부모가 학교 커리큘럼을 따라잡기 위해 추가 개인 교습이 필요하다고 응답했다. 이는 공교육 시스템에 대한 높은 불신을 보여주는 예이다.

학원과 같은 사립 교육센터가 있지만, 사교육은 주로 학생이 교사의 가정에 방문하는 개인 과외의 형태로 이루어진다. 몇 년 전까지만 해도 공립학교의 교사가 과외 수업을 하는 것은 불법이 아니었다. 그러나 사교육비가 걷잡을 수 없을 정도로 커지자* 사회적 문제로 공론화되어 정부는 2015년 공립학교 교사의 개인 과외 수업 금지 법령을 발표했다. 이 법령은 공립학교 교사의 과외 수업을 금지하며 이를 반복적으로 어겼을 경우 영구적으로 해임할 수 있다고 못 박고 있다. 그러나 법의 시행과 감시를 위한 구체적인 체계가 마련되지 않아 효과적으로 시행되진 못하고 있다.

---

* 튀니지 소비자정보기구는 개인 과외 매출이 무려 10억 디나르(2017년 기준 한화 약 5,000억 원)에 달했다고 발표하기도 했다.

튀니지의 직업전문학교 과정은 우리나라의 마이스터고등학교와 비슷하다. 한국은 마이스터고등학교가 교육부 소속이지만 튀니지는 고용직업훈련부가 관할한다.

중학교 교육을 마친 학생들은 우선 직업학교 2년 과정을 이수하면서 특정 직업이나 직종에 취업하기 위한 기본 필수 지식과 기술을 배운다. 이 과정을 마치면 직업전문인증서*CAP, Certificat d'Aptitude Professionnelle*를 취득할 수 있다. 직업전문인증서를 취득한 후 학생이 원하면 동일한 분야에서 추가 훈련과 교육을 받고 전문기술자격증*BTP, Brevet de Technicien Professionnel*을 취득할 수 있다. 마지막으로 튀니지에서 가장 높은 수준의 직업교육을 이수하면 수석기술자격증*BTS, Brevet de Technicien Supérieur*을 취득할 수 있다.

졸업 후에는 지역 경제가 요구하는 핵심 부문*에 취업하는 게 일반적이다. 일부는 자영업을 시작하기도 한다. 그러나 이러한 노력에도 직업전문학교 졸업생은 대학 졸업생보다 상대적으로 실업률이 높아 취업 시장에서 어려움을 겪고 있다.

● 관광 및 숙박업, 농업, 정보 기술, 의료, 미용, 요리, 섬유나 자동차 부품 제조업 등의 분야

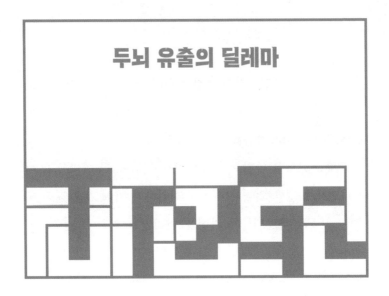

두뇌 유출의 딜레마

두뇌 유출이란 고학력이나 기술을 가진 고급 인력이 더 나은 조건을 찾아 국외로 대거 빠져나가는 현상을 의미한다. 튀니지 국방부 자료에 따르면 튀니지 혁명 이후 의사, 과학자, 엔지니어 등의 분야에서 약 10만 명의 전문 인력이 해외 이민을 택했다고 한다. 아랍 국가 중에서는 시리아 다음으로 두뇌 유출이 심각하게 일어나고 있다고 할 수 있다.

나즐라 부덴*Najla Bouden* 총리는 2023년 다보스에서 열린 세계경제포럼에서 튀니지의 두뇌 유출 문제가 자국의 성장을 저해하고 있으며, 반대로 튀니지 인재를 흡수한 유럽과 북미는 큰 이익을 얻고 있다고 비판했다. 교육받은 숙련된 인력이 지속적으로 유출되는 것은 국가 재정에 막대한 부담을 주고 경제 생산성이나 보건 및 교육 같은 필수 공공 서비스의 질을 떨어뜨리는 원인이 된다. 이 문제는 개발도상국에서 사회적 문제로 줄곧 인식되어 왔다. 이에 튀니지는 고급 인력의 해외 이주 추세를 자국으로 되돌리기 위해 노력하고 있다.

의료인의 두뇌 유출

튀니지의 두뇌 유출은 의료 분야에서 두드러진다. 튀니지 혁명 이후 튀니지는 혼란스러운 정치적 변화와 맞물린 인플레이션, 해외 투자 위축, 우크라이나 전쟁까지 겹치면서 심각한 경제난을 겪고 있다. 설상가상으로 코로나19 팬데믹까지 발생해 튀니지의 젊은 의사들이 생계를 걱정하며 더 나은 삶을 찾아 해외로 떠났다. 코로나19 팬데믹으로 전 세계 의료 수요가 급증하면서 자국 내 의료 인력만으로는 대응하기 어려워진 국가들이 이민 규정을 완화하면서 해외 의료 인력을 적극적으로 유치한 결과 튀니지의 전문 의료 인력들이 유럽이나 북미로 대거 이민한 것이다.

전문 의료인의 두뇌 유출은 튀니지의 보건 시스템에 큰 타격을 주었다. 국가가 세금을 투입해 키운 인재들이 해외로 빠져나가면 국가적 손실은 필연적일 수밖에 없다. 튀니지 국민은 해외로 빠져나간 인재와 정부 정책에 비난을 쏟아냈다. 하지만

젊은이들이 더 나은 환경과 기회를 찾아 해외로 떠나는 것을
비난하기보다는 그 원인과 해결책을 모색하는 것이 중요하다.
이들을 자국에 붙들어둘 매력적인 방안들이 먼저 나와야 실효
를 거둘 수 있을 것이다.

튀니지 사람들에게 인기 있는 스포츠

'테니스의 봄'을 불러온 온스 자베르

2022년 여름, 40도를 웃도는 더위가 무색하게도 튀니지의 카페들은 만석이었다. 온스 자베르*Ons Jabeur*가 출전하는 윔블던 챔피언십 결승전 생중계를 보기 위해 몰려든 사람들로 가득했기 때문이다.

2022년은 튀니지에 테니스 열풍을 불러온 한 해였다. 비인기 스포츠였던 테니스를 튀니지에서 가장 인기 있는 스포츠의 반열에 올린 의미 있는 해이기도 하다. 온스 자베르는 튀니지뿐 아니라 아랍과 아프리카에서 여성 테니스 선수로서는 전례 없는 성과를 이루었다.

● 튀니지의 행복 장관이라고 불리는 온스 자베르

그녀는 세계에서 가장 권위 있는 테니스 대회인 윔블던 챔
피언십의 결승전에서 그랜드 슬램 준우승을 거머쥐는 역사를
썼다. 주니어 그랜드 슬램 성공 이후 메이저 결승에 진출하기
까지 11년을 기다려 이루어낸 성였다.

1994년생, 20대 후반, 두 아이의 엄마이기도 한 그녀의 이름
앞에는 '최초', '최고'라는 수식어가 셀 수 없이 많이 붙는다. 남
녀 통틀어 테니스 역사상 아랍계 선수가 메이저 대회에서 4강
이상의 성적을 거둔 것은 온스 자베르가 처음이다.

온스 자베르는 상대를 놀라게 하는 자유롭고 탁월한 샷 때
문에 '드롭 샷의 여왕'으로 불린다. 그녀만의 경기 스타일은 테
니스 팬들을 매료시키며 팬층을 두텁게 했다. 서양 선수들의

높은 장벽을 깬 온스 자베르의 이야기는 중동과 아프리카 젊은 선수들에게 희망의 메시지를 전한다.

축구 국가 대표팀, 카르타고의 독수리

튀니지 축구의 역사는 20세기 초로 거슬러 올라간다.

1919년 최초의 축구 클럽인 '에스페랑스 스포르티브 드 튀니스*Esperance Sportive de Tunis*' 등록을 시작으로 1921년 튀니지 리그가 창설된 것이 시작이다. 식민 지배를 받은 튀니지 사람

● 튀니지 축구연맹 로고

들은 축구를 유럽에 대항할 기회로 보았다. 오늘날 축구는 튀니지 문화에 깊이 스며들어 튀니지에서 가장 인기 있는 스포츠로 자리매김했다.

1957년 국가 대표팀이 창설된 이후 튀니지 축구는 황금기와 쇠퇴기를 반복했다. FIFA 월드컵 데뷔전이었던 1978년 아르헨티나월드컵에서 상대 팀 멕시코를 3대 1로 꺾으면서 축구계의 이변을 만들기도 했다. 이후 20년 동안 국제 무대에서 고전을 면치 못하다가 1998년 프랑스월드컵을 시작으로 여섯 번

● 2022 카타르월드컵에 출전한 튀니지 선수들

의 월드컵 진출권을 따냈다. 또한 중동과 아프리카의 아랍 국가들이 겨루는 FIFA 아랍컵에서 준우승(2021), 아프리카네이션스컵에서는 2004년 우승과 그 외 두 번의 준우승 등 그 저력을 발휘했다.

아프리카 대륙에서 월드컵 대회 본선에 진출할 수 있는 티켓은 오직 다섯 나라에만 주어지기 때문에 2022년 카타르월드컵 진출권을 획득한 것만으로도 튀니지 국민은 환호했다. 아쉽게도 16강 진출의 염원을 이루지는 못했지만 튀니지는 아프리카 3위라는 성적을 내며 여전히 아프리카 축구 강호국의 자리를 지키고 있다.

포용 금융의 핵심,
튀니지 우체국

금융 기관의 핵심 역할

'글로벌 금융포용' 2021년 데이터베이스에 따르면 튀니지 성인의 37퍼센트만이 은행 계좌를 보유하고 있다. 이는 북아프리카 평균치에 못 미치는 수준이다. 금융 계좌를 가진 사람이 전체 인구의 절반도 안 되는 나라에서 어떻게 시장 경제가 작동하는 것일까? 이에 대한 힌트는 튀니지 우체국에 있다.

튀니지 국영 우체국이 운영하는 플랫폼 '라 포스트 튀니지엔*La Poste Tunisienne*'은 우편 및 소포 배달과 같은 전통적인 우편 서비스를 비롯해 저축과 대출을 포함한 금융 서비스, 전자상거래, 신분증이나 여권 발급, 심지어 꽃 배달 등 다양한 생활

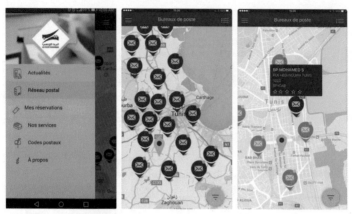

● 튀니지 우체국의 모바일앱

밀착형 서비스를 제공한다. 또한 여러 금융 기관과 협력해 서
비스를 다각화하고 있다. 예를 들어 보험 회사인 '라 까흐트*La
Carte*'와의 파트너십을 통해 대학 교육비를 위한 장기 저축 플
랜인 민하*Minha*, 퇴직 저축 플랜인 모트멘*MOTMEN* 같은 상품
을 제공한다. 웨스턴 유니온*Western Union* 및 머니그램*MoneyGram*
과 제휴해 국제 송금 고객을 끌어들이기도 한다. 그뿐만 아니
라 통신회사 우레두*OoreDoo*와 협력해 모바일 결제 플랫폼인 모
비플루스*Mobiflous*를 출시하기도 했다.

금융포용의 중심에 있는 우체국

튀니지 국민이 전통적인 은행보다 우체국을 더 많이 이용하는 첫 번째 이유는 우체국의 점포망 수가 많기 때문이다. 약 1,000개의 우체국 지점이 전국에 걸쳐 광범위하게 분포해 촘촘한 금융 네트워크망을 이루고 있다. 세계은행의 금융포용지수가 은행 계좌가 없는 사람을 대상으로 설문 조사한 결과 우체국을 이용하는 주된 이유로 은행과의 먼 거리를 꼽았다.

두 번째 이유는 문턱이 낮기 때문이다. 튀니지 우체국은 계좌 개설이나 대출 승인 과정의 자격 요건을 완화해 소득이 낮거나 불안정한 사람들도 금융 서비스를 이용할 수 있도록 했다. 또한 수수료나 이자율이 일반 은행에 비해 낮아 금융 서비

● 우체국을 이용하는 사람들

스 이용에 대한 부담을 줄였다.

과거 우리나라의 우체국도 도시와 농촌 간의 금융 서비스 격차를 해소하고 금융 편익을 제공하기 위해 그 역할을 대신한 적이 있다. 이미 많은 나라가 금융에서 소외되는 사람이 없도록 하기 위해 우체국을 활용하고 있다.

금융포용

사회적, 경제적 지위와 상관없이 모든 사람이 금융 상품과 서비스에 쉽고 편리하게 접근할 수 있는 것을 의미한다. 금융포용은 경제 발전과 사회 평등에 중요한 역할을 하며, 특히 경제적으로 취약한 사람들에게 저금리 대출과 같은 기회를 제공하고 경제 활동 참여를 촉진시켜 재정적 안정성을 높여준다.

개발도상국에서 우체국은 금융포용을 증진하는 데 핵심적인 역할을 해 온 것으로 평가받는다. 인도 우체국*India Post*은 국립 은행과의 계약을 체결해 소액 대출을 시행하고, 케냐 우체국*Posta Kenya*은 케냐의 가장 큰 금융 서비스 제공자 중의 하나로 자리매김해 저렴하고 안전한 금융 서비스를 제공하고 있다.

튀니지의 화폐

● 튀니지의 동전 밀림

튀니지의 화폐는 디나르 *Dinar* 이며 국제적으로 통용되는 통화 코드는 TND이다. 보조 단위는 밀림 *Millim* 으로 나타내며 1디나르는 1,000밀림이다. 1디나르는 한화 425원 *KRW*, 0.32(미)달러에 해당한다(2024년 1월 9일 기준).

튀니지는 1956년 독립 당시에는 왕국이었으나 이듬해에 왕정이 폐지되고 공화국을 선포했다. 프랑스 식민지 당시에는 프랑 *Franc* 을 통화로 사용하다가 독립 후 2년여 정도 지난 1958년부터 화폐 단위를 디나르로 바꾸어 발행했다.

디나르의 유래

이슬람 국가에서 디나르를 사용하는 대표적인 나라는 알제리, 바레인, 이라크, 요르단, 쿠웨이트, 리비아 등이다. 자체 환율과 가치는 나라마다 다르다. 튀니지도 디나르의 변형을 사용하는 여러 국가 중 하나이다.

디나르를 사용하는 국가들

국가	화폐 이름	표기	1 USD (2024.01.09. 기준)
튀니지	튀니지 디나르	TND	3.09
알제리	알제리 디나르	DZD	139.49
리비아	리비아 디나르	LYD	4.79
요르단	요르단 디나르	JOD	0.71
이라크	이라크 디나르	IQD	1,307.13
바레인	바레인 디나르	BHD	0.38

유로화처럼 통합된 화폐도 아닌데 왜 여러 국가에서 디나르를 사용하는 것일까? 이는 디나르의 오랜 역사 때문이다. 디나르는 고대 로마 통화 시스템에 뿌리를 두고 있으며 아랍 제국에서 공식 통화로 채택되었다.

디나르의 어원은 기원전 211년경에 처음 주조된 고대 로마의 은화를 라틴어 데나리온dénārius이라고 부른 데서 유래한다. 아랍 제국이 멸망한 후 이 지역 왕국들은 계속해서 디나르를 통화로 사용했다. 유럽이 지배한 나라의 경우 자체 통화를 도입해 사용하다가 독립 후에는 디나르를 통화 이름으로 유지하거나 변형해 사용했다.

튀니지에서 디나르 환전 시 유의점

튀니지에서는 디나르를 수입 및 수출하는 것이 금지되어 있다. 튀니

● 튀니지의 화폐 디나르

지를 여행한 관광객은 튀니지를 떠나기 전에 디나르를 원래 통화로 다시 교환해야 한다. 외국 지폐에서 디나르로 환전은 간편하지만 디나르를 외국 지폐로 환전하기는 까다로운 편이다. 만일 튀니지에 갈 일이 있다면 반드시 현지 통화로 환전한 후 돌아갈 때까지 영수증을 갖고 있는 게 좋다. 재환전할 때 여권과 함께 요구하는 경우도 있기 때문이다.

교통 시스템과 차량 공유 서비스

튀니지에는 이용하기 쉽고 저렴한 대중교통 수단이 많다. 수도에서는 버스를 비롯해 택시, 메트로 레제, TGM을 주로 이용하며, 지역 간 이동시에는 미니버스인 루아지, 기차, 비행기 등을 이용한다.

현대적이고 광범위한 교통망

튀니지의 도로망은 약 2만 킬로미터에 이른다. 비교적 촘촘한 교통망과 양호한 교통 인프라 덕분에 대부분의 도시가 대중교통편으로 연결되어 있다. 튀니지 내에서 운송되는 상품

● 튀니스 카르타고 국제공항

의 80퍼센트가 육로로 운송되기 때문에 도로망은 상업적으로
도 매우 중요하다. 인근의 알제리, 모로코까지 육상으로 이동
이 가능하다.

튀니지에 있는 아홉 개의 국제공항은 해외 관광객 유치에
크게 한몫하고 있다. 편리한 항공편 덕분에 2019년 튀니지를
방문한 해외 관광객은 약 950만 명에 육박하기도 했다.

수도 튀니스의 지상 전철, 메트로 레제

인구 100만 명이 넘는 수도 튀니스는 튀니지 최고의 교통
인프라를 자랑한다. 튀니스의 중심인 하비브 부르기바 거리에

● 메트로 레제

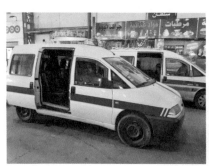

● 루아지

● 튀니지의 국영 철도 SNCFT

는 메트로 레제가 도시 한복판을 가로지른다. 그랑 튀니스*Grand Tunis* •를 연결하는 총 여섯 개의 노선과 80개의 역을 각 노선마다 여섯 량의 열차가 운행한다. 이는 도시철도 시스템을 보유한 북아프리카의 국가 중에서 가장 많은 노선이다.

메트로 레제의 요금은 5디나르 미만으로 저렴하다. 우리나라의 지하철과 달리 지상만 운영되며 트램보다는 속도와 수송 능력이 조금 더 높다고 보면 된다. 하비브 부르기바 거리의 양옆으로 늘어선 노천카페의 노란색 파라솔, 가톨릭 성당, 프랑스 양식의 건물들이 녹색의 메트로 레제와 어우러져 마치 유럽의 한 도시를 연상케 한다.

미니 버스, 루아지

200개 이상의 노선을 보유한 튀니지의 버스는 공공 버스와 민간 버스로 구분되며 저렴하고 편리한 교통수단으로 꼽힌다. 민간 버스는 승객이 자리를 다 채우면 더 이상 승객을 받지 않아 앉아서 이동할 수 있다. 지방으로 이동할 때는 시외버스, 미니 버스 형태의 루아지, 기차 등을 이용한다.

• 그랑 튀니스는 튀니지의 수도 튀니스를 중심으로 한 가장 큰 도시권을 의미한다. 튀니스, 아리아나, 마누바, 벤 아루스 등 네 개의 행정 구역으로 구성된다.

루아지는 소도시나 작은 마을로 이동할 때 이용하는 교통수단으로 기차나 일반 버스로 접근하기 어려운 외딴 지역을 이동할 수 있다. 고정된 요금과 노선은 있지만 정해진 시간표가 없다. 루아지는 흰색 바탕에 거리에 따라 다른 색의 줄무늬로 구분된다. 단거리는 노란색(시골, rural local), 중거리는 파란색(도시 간 이동, city), 장거리는 빨간색(주에서 주로 이동, state)이다. 운행 시간표가 따로 없어 여덟 명의 승객이 모일 때까지 기다려야 한다.

우버 대신 볼트

아프리카는 빠르게 도시화가 진행되는 대륙 중 하나이다. 전문가들은 2030년에는 아프리카 도시 인구 비중이 절반을 넘을 것으로 전망한다. 하지만 교통 인프라가 도시화 속도를 따라오지 못하고 상대적으로 더디게 발전하고 있다.

그 격차를 메워주는 것이 택시이다. 특히 도시에 살고 있다면 택시는 매우 접근이 용이한 교통수단이라고 할 수 있다. 튀니지에는 버스 노선이 많지 않고 출퇴근 시간은 혼잡하기 때문에 택시 이용자의 비율이 높은 편이다.

튀니지의 택시는 초록불, 빨간불로 손님의 탑승 여부를 알 수 있고, 택시 안에 미터기가 비치되어 있어 요금을 협상해야

● 튀니지의 택시는 미터기가 비치되어 있어 바가지 쓸 염려가 없다.

하는 번거로움이나 바가지 쓸 걱정을 하지 않아도 된다. 외국인으로 튀니지에서 살면서 가장 많이 이용하는 터라 고마운 교통수단이 아닐 수 없다.

최근 튀니지는 스마트폰의 보급률이 증가하고 모바일 애플리케이션 기술이 급속도로 발전하면서 모바일 터치 몇 번으로 택시 호출이 가능해졌다. 차량 공유 서비스인 볼트*Bolt*, 인드라이브*inDrive*가 대중적으로 사용되며, 택시216*Taxi216*, 알로 택시*Allo Taxi*, 야시르*Yassir* 등의 교통 앱들이 이미 대중화되었다. 더 이상 길가에서 택시를 기다릴 필요가 없다. 일반 택시보다 다소 비싸지만 이용자가 늘어나는 추세이다.

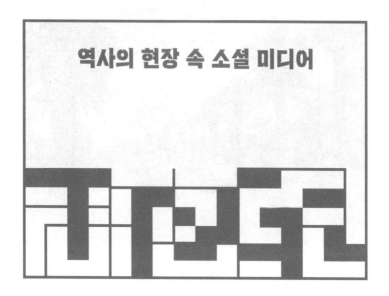

역사의 현장 속 소셜 미디어

안정적인 인터넷 환경과 소셜 미디어의 발달

튀니지는 인터넷 보급률이 아프리카 대륙에서 상위권에 속하는 나라이다. 여전히 도시와 지방의 격차가 존재하지만 지난 10년 동안 상당한 발전을 이루어왔다. 1991년 아프리카에서 최초로 인터넷망을 도입했고, 모든 사람이 인터넷 서비스를 누릴 수 있도록 효율적인 통신 인프라 구축에 막대한 투자를 해 왔다. 그 결과 2022년 기준으로 튀니지 인구의 67퍼센트가 인터넷을 사용하고 있으며, 이는 아프리카 대륙 평균치인 40퍼센트를 훨씬 웃도는 성과이다. 튀니지는 현재 인근의 북아프리카나 아랍 국가들보다 정보 기술 분야가 앞서있을 뿐

● 소셜 미디어가 아랍의 봄에서 결정적인 역할을 했다는 것을 보여주는 삽화들

만 아니라 아프리카 대륙 전체에서 인터넷 보급률이 두 번째로 높은 나라이다.

인터넷의 발달은 소셜 미디어의 성장을 가속화시켜 시민들의 정치적 참여라는 변화를 가져왔다. 장기 독재 체제를 종식시키는 데 소셜 미디어가 결정적 역할을 했다는 점에서 튀니지 혁명을 'SNS 혁명'이라고도 부른다.

TV, 라디오 및 신문과 같은 전통적인 미디어는 정부의 검열과 통제 아래 있었던 반면, 소셜 미디어는 정부의 감시를 피해 반정부 시위를 주도할 수 있었다. 게다가 소셜 미디어를 통해 정보를 공유하는 과정에서 개개인은 '아랍의 봄'이라는 큰 물결을 느끼며 시위대 사이에 연대감을 형성할 수 있었다. 대부분의 소셜 미디어 사용자가 시위의 핵심층이었던 젊은이였기에 인터넷 공간은 더욱 역동적이었다. SNS는 튀니지 혁명 이후에도 사회 담론을 형성하고 다양한 의견을 나누고 토론하는 플랫폼으로 사용되고 있다.

언론자유지수

국경없는 기자회*RWB, Reporters Without Borders*의 자료에 의하면 '아랍의 봄' 시위가 발발하기 직전의 튀니지 언론자유지수는 조사 대상 178개국 가운데 164위로 세계 최하위권이었다. 60년간 단 두 명의 대통령만이 집권했던 튀니지의 미디어 환경은 정부의 광범위한 검열로 표현의 자유가 심하게 제한되고 통제되었다. 그러나 모든 소통의 채널을 막을 수는 없었다.

튀니지의 언론자유지수는 2011년 이후 상당한 변화를 겪었다. 개정된 헌법은 언론과 표현의 자유를 보장했고 방송, 인쇄, 디지털 플랫폼 등 새로운 매체가 폭발적으로 증가했다. 2021년에는 언론자유지수가 70위권으로 크게 상향되었다.● 같은 해에 발표된 프리덤하우스*Freedom House*의 〈인터넷 자유*Freedom on the*

● 2023년에는 급격히 하락해 180개국 중 121위에 머물렀다. 이러한 하락은 최근 몇 년 동안 카이스 사이에드 대통령의 권위주의적인 통치와 언론 탄압에 기인한 것으로 분석된다. (국경없는 기자회)

Net 보고서)에 따르면 튀니지는 중동 및 북아프리카 지역에서 인터넷 접근성과 표현의 자유가 가장 높은 국가로 선정되었다. 수많은 사람의 희생을 치르고서야 얻어낸 결과이다.

그러나 온라인 콘텐츠의 검열 문제는 여전히 존재한다. 독립 언론 매체들이 있긴 하지만 일부는 정부나 특정 정치인, 사업가들과 밀접한 관계를 맺고 있다. 이러한 소유 구조는 이해관계의 충돌을 야기할 수 있으며, 언론인들이 자유롭게 보도할 수 있는 권한을 제한할 수 있다. 일각에서는 언론 통제가 독재 정권 시절로 회귀하고 표현의 자유가 후퇴하고 있다는 우려의 목소리도 나오고 있다. 혁명 이후 상당한 변화와 진전이 있었지만 언론의 자유를 유지하고 확장하기 위해서는 시간과 노력이 더 필요할 것이다.

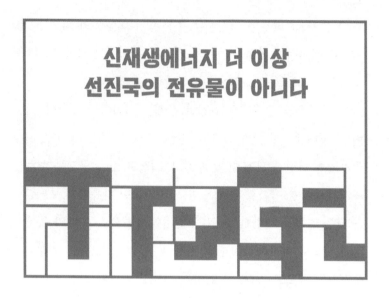

신재생에너지 더 이상 선진국의 전유물이 아니다

아프리카 전문가들은 2025년 무렵이면 사하라 이남 지역에 인구 100만 명이 넘는 도시가 80개를 넘어설 것으로 예상한다. 문제는 급속한 도시화로 환경 오염이 가속화되면서 기후 변화로 인한 자연재해가 인류를 위협한다는 점이다. 이상 기후는 탄소 배출로 인한 기후 변화와 밀접한 관련이 있다. 경제 성장을 우선시해 온 정책들, 수입 중고차들이 내뿜는 매연 등이 탄소 배출의 주요 원인으로 지적된다.

아프리카 대륙은 탄소 배출이 가장 적은 지역이지만 기후 변화에 따른 피해는 가장 크다. 이 때문에 아프리카는 다른 어떤 지역보다 기후 변화 대응에 적극적이다. 이에 탄소 배출을

● 시디 다우드에 위치한 풍력발전소

저감하기 위해 신재생에너지● 개발과 탄소 중립에 초점을 맞
춘 논의가 대두되어 왔다.

　튀니지 또한 에너지 효율을 높이고 환경 오염을 최소화할
수 있는 재생에너지 사용을 늘리는 데 집중하고 있다. 이러
한 노력의 일환으로 2030년까지 전력 생산에 소요되는 재생
에너지 비율을 30퍼센트로 늘리겠다는 재생에너지 플랜*TSP,
Tunisian Solar Plan*을 세우기도 했다. 튀니지는 태양광과 풍력이
라는 두 가지 주요 재생에너지 자원을 발전시킬 수 있는 이상

● 기존의 화석 연료를 변환시켜 이용하거나 수소·산소 등의 화학 반응을 통해 전기
또는 열을 이용하는 '신에너지'와 햇빛·물·지열·강수·생물 유기체 등을 포함하는 재생
가능한 에너지를 변환시켜 이용하는 '재생에너지'를 의미한다.

● 토주르에 위치한 태양열발전소

적인 자연환경을 갖고 있다. 사막 지역에 인접해 있어 일조량
이 풍부(연평균 300일 정도 비가 오지 않음)하고 바람도 많이 불어
태양에너지와 풍력에너지를 생산하기에 적당하다.

2021년까지 전체 전력의 약 3퍼센트만이 재생에너지를 통
해 생산되었지만 전문가들은 튀니지 국토의 북부, 남부, 중부
전 지역에서 풍력에너지의 상당한 잠재력을 보고 있으며, 잘
정비된 에너지 관련 기관들이 신재생에너지 산업 발전에 유리
한 환경을 조성하고 있다고 평가한다. 지난 10여 년 동안 튀니
지 정부는 에너지 관련 법률을 수정 및 보완해 신재생에너지
보급을 위한 기반을 마련했다.

함께 생각하고 토론하기

인터넷, 컴퓨터 등 정보 기술에 접근할 수 있는 사람과 그렇지 않은 사람 사이의 격차를 '디지털 격차'라고 합니다. 디지털을 제대로 활용할 수 있는 사람들은 디지털의 편리함을 누리지만 그렇지 못하는 사람들은 불편함을 느낄 수밖에 없습니다. 디지털 격차는 단순히 인터넷을 사용할 수 있는가에 대한 문제에 국한되지 않고 사회에서의 소외 문제나 빈부 차이를 심화시킬 수 있기 때문에 국제 사회가 촉각을 곤두세우고 있습니다.

● 지역 간, 국가 간에 디지털 격차가 심화된다면 지구에는 어떤 문제가 생길까요? 디지털 격차를 줄이기 위해 우리는 어떤 노력을 해야 할지 이야기해 봅시다.

최근 한 설문 조사에서 "디지털 혁신을 이끈 주체가 누구인가"라는 질문에 많은 사람이 "코로나19"라고 응답했을 정도로 코로나19는 우리 사회에 큰 영향을 미쳤습니다.

코로나19 팬데믹 시기에 디지털 기술은 우리 사회를 지탱해 주는 생명줄과도 같은 역할을 했습니다. 사회적 거리 두기로 학생들은 사상 초유의 온라인 개학을 맞이했고, 직장인들은 재택 근무와 화상 회의로 업무를 이어갔습니다. 심지어 온라인 플랫폼 안에서 전시회나 공연을 감상하며 여가 생활을 즐기기도 했습니다.

튀니지도 코로나19의 영향으로 일, 교육, 경제 등의 분야에서 전례 없는 디지털 환경의 변화를 겪었습니다. 온라인 수업, 전자 상거래, 배달 앱 등이 급속도로 확산되었고 스마트폰 애플리케이션을 통해 택시를 호출합니다.

● 튀니지 사람들이 일상생활에서 활용하는 디지털 기술은 어떤 것들이 있을까요? 코로나19가 가속화시킨 튀니지의 디지털 환경에 관해 이야기해 봅시다.

3부

역사로 보는
튀니지

군중은 왕보다 강하다.

튀니지의 고대, 카르타고와 한니발

해상 강국 카르타고

지금의 레바논 티레 지역에 살고 있던 페니키아인들은 해상 무역에 특출난 민족이었다. 그들은 북아프리카 해안을 따라 수익성 높은 무역 기지들을 세우며 서부 지중해 무역을 석권하는 것을 목표로 삼았다. 레바논 지역을 본거지로 삼아 막강한 해상력을 기반으로 식민 도시를 확대해 나갔으며, 기원전 12세기에서 기원전 8세기 사이에는 최대 전성기를 누리며 지중해 물류를 장악했다.

기원전 9세기경 지중해의 패권을 장악한 페니키아인들은 튀니스 동부에 카르타고*Carthage*('새로운 도시'라는 뜻)를 세우고

● 석관에 조각된 페니키아 선박

본격적으로 정착했다. 카르타고는 바다를 낀 벼랑 꼭대기에 자리해 있어 북아프리카 점령지를 관리하기에는 최적이었다. 또한 지중해 서부의 해상 교역로에 쉽게 접근할 수 있었고, 천연 염색물인 자색, 금속, 목화, 가죽 같은 특정 상품에 대한 독점권을 장악해 상업 중심지이자 지중해의 지배 세력이 되었다.

시간이 흘러 페니키아인들은 마케도니아에 의해 함락되었다. 본거지였던 서아시아 지역에서도 세력을 잃어갔다. 그러나 카르타고는 무역 허브로써의 이상적인 위치 덕분에 계속해서 성장할 수 있었고 강력한 제국으로 발전했다. 이 제국은 아프리카, 유럽, 중동 무역의 중심지가 되었으며 북아프리카 해양, 이베리아 일부, 시칠리아와 사르데냐까지 세력권을 확장했다.

카르타고는 기원전 7세기부터 기원전 3세기 말엽까지 400년 간 지중해 패권을 유지했다. 특히 기원전 4세기에는 리비아 서쪽에서 대서양에 이르는 북아프리카 해안 전체를 카르타고의 영향력 아래에 두며 지중해를 평정했다.

카르타고와 로마의 패권 쟁탈전

지중해 해상권을 장악해 북아프리카 일대를 호령하던 카르타고를 역사 저편으로 저물게 한 것은 로마의 부상과 관련 있다. 카르타고가 큰 경쟁자 없이 지중해를 장악하며 나날이 발전하고 있을 무렵 이탈리아반도에는 로마가 등장해 주변 지역을 점령하기 시작했다.

이탈리아반도를 통일한 로마가 지중해 거점 도시들을 탐내기 시작한 기원전 270년경에는 당시 지중해를 장악하고 있던 카르타고와의 충돌은 필연적일 수밖에 없었다. 이탈리아반도를 평정했음에도 남부 지역과 시칠리아섬 일부가 여전히 카르타고의 지배하에 있었기 때문이다.

로마가 대제국의 꿈을 이루기 위해서는 카르타고를 반드시 정복해야만 했다. 로마는 시칠리아에 대한 지배권을 갖기 위

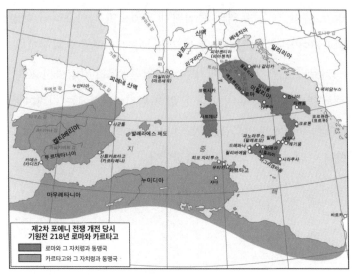

● 기원전 218년 제2차 포에니 전쟁 직전의 카르타고와 로마가 지배했던 영역

해 카르타고와 전쟁을 벌였고 이것이 포에니 전쟁*Punic Wars*의 시작, 즉 지중해의 패권 쟁탈전의 서막이다. 포에니 전쟁은 기원전 264년부터 기원전 146년까지 120년 동안 세 차례에 걸쳐 치러졌으며, 고대의 세계 대전으로 불릴 정도로 지중해 통제권을 둘러싼 중대한 충돌이다.

세 번의 전쟁 끝에 로마가 승리하면서 결국 카르타고는 역사의 뒤안길로 사라졌다. 이 승리로 로마는 지중해 지배권을 공고히 했고, 기원전 1세기부터 2세기 팍스 로마나*Pax Romana*

● 카르타고 내셔널 뮤지엄

시대*를 열었다. 로마는 법률, 정치, 경제, 문화 등 다양한 분야
에서 큰 발전을 이루었으며 그 영향력은 유럽, 아시아, 아프리
카까지 확대되었다. 로마와 카르타고 간의 전쟁은 단순히 해
상권 다툼을 넘어 고대 지중해 세계의 역사, 정치, 문화에 깊은
영향을 미친 중요한 사건으로 평가받고 있다.

● 기원전 27년부터 기원후 180년 사이 로마 제국이 전쟁을 통한 영토 확장을 최소
화하면서 오랜 평화를 누렸던 시기이다.

● 한니발 바르카

"한니발이 문 앞에 와있다!" 이 말은 고대 로마인들이 자신들의 적수였던 한니발 바르카*Hannibal Barca*를 두려워하며 사용했던 표현이다. 적이 문 앞에 있는 위기의 순간이나 임박한 상황을 은유적으로 나타낸다.

세 차례의 포에니 전쟁 중에서 가장 치열했던 전쟁은 한니발이 참전했던 제2차 포에니 전쟁이다. 한니발은 전쟁의 승패와는 별개로 뛰어난 지휘력과 타고난 전술로 명성을 떨쳤다. 다른 나라와 동맹을 맺고 평화 조약을 협상하는 외교력과 군사적 기량 외에도 전쟁사에 길이 남을 기념비적인 인물로 평가받고 있다.

한니발은 제1차 포에니 전쟁을 지휘했던 하밀카르 바르카 *Hamilcar Barca* 장군의 아들이다. 하밀카르 바르카는 한니발이 어렸을 때부터 군사 기술들을 전수하며 로마에 대한 복수심을 심어주었다. 한니발은 제2차 포에니 전쟁에서 모든 군대를 진

● 알프스산맥을 넘기 전에 코끼리를 싣고 강을 건너는 카르타고 군대

두지휘하며 정예병과 전투 코끼리●를 이끌고 스페인에서부터 피레네와 알프스산맥을 넘어 이탈리아 본토로 진격했다. 아무도 그가 알프스 높은 산맥을 넘어 이탈리아 북부를 치고 들어올 것이라고 상상하지 못했다. 카르타고는 17년 동안이나 로마와 싸우면서 여러 차례 승리를 거두었지만 결국 국력과 인력에 밀려 패했다.

로마는 제2차 포에니 전쟁에서 승리했지만 카르타고의 경제적 회복과 잠재적인 군사적 부활을 두려워했다. 특히 한니

● 나폴레옹이 이탈리아를 침략하기 위해 알프스산맥을 넘은 것보다 2,000년이나 앞선 일이었다.

● 카르타고의 상상도. 체계적으로 정렬된 도시 구조가 잘 표현되어 있다. 해안선을 따라 위치한 원형 항구(코톤)는 군사용, 직사각형의 외부 항구는 상업용으로 사용되었다. 이러한 이중 설계는 군사 및 상업 활동을 효율적으로 관리할 수 있었다.

Specially drawn for this work.

The many followers of the Roman general defeated the soldiers guarding the walls and entered Carthage. Scipio then captured the great market-place and turned his eyes to the citadel, into which the people had gone for safety.

● 제3차 포에니 전쟁 당시 로마 군사에 의해 함락되고 있는 카르타고

발과 같은 뛰어난 군사 지도자가 다시 등장해 로마에 위협이 될 것을 걱정했다. 카르타고가 전쟁 후 경제적으로 회복 조짐을 보이자 로마는 이를 위협으로 여겨 공격적인 태도를 취하기 시작했다. 로마는 일방적으로 제3차 포에니 전쟁을 일으켰고, 카르타고는 참혹할 정도로 파괴되었다. 이 전쟁으로 700년간 번영을 누렸던 카르타고는 멸망했고 페니키아 문화와 명성도 함께 쇠퇴했다.

세계 최강국인 로마 제국을 공포에 떨게 한 카르타고의 한니발은 튀니지 사람들의 큰 자랑이다. 그는 로마 제국에 맞서 카르타고의 패권을 위해 싸운 인물로 힘, 용맹, 명석함의 상징으로 여겨진다. 그의 이야기는 문학, 음악, 예술 작품에 인기 있는 소재가 되어왔으며 그의 업적을 기리기 위해 튀니지는 디나르 지폐에 그의 초상을 새겼다.

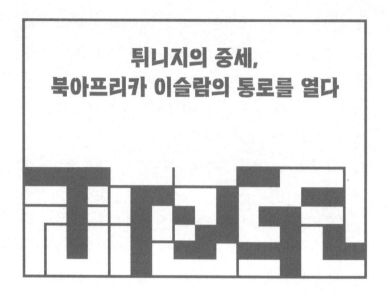

**튀니지의 중세,
북아프리카 이슬람의 통로를 열다**

북아프리카 이슬람 시대의 도래

7세기를 기점으로 튀니지는 이슬람 시대의 도래와 함께 중세 역사가 시작되었다. 이 시대는 북아프리카 역사의 초석이 되는 시기라고 해도 과언이 아닐 정도로 종교, 문화, 경제, 학문 등 거의 모든 분야에서 중요한 전환점을 맞이했다.

당시 비잔틴 제국과 사산조 페르시아 제국은 잦은 패권 다툼을 벌였다. 그 결과 두 제국의 힘이 소진되면서 주변 영토에 대한 지배력이 점차 약화되었다. 한편 아라비아반도에서는 이슬람교가 등장해 아랍 부족들을 빠르게 통합해갔다. 반도 전체를 제압한 이슬람 세력은 두 강대국이 약해진 틈을 타 북아프리카 전역을 장악한 후 동아프리카와 사하라 사막을 넘어 남쪽으로까지 세력을 확장했다.

아프리카에 빠르게 확산되는 이슬람교

이슬람의 확장은 군사력, 종교적 포용 정책 등의 요인이 복합적으로 작용했으며 900년에 걸쳐 건설된 로마 제국 영토의 거의 2배에 달하는 제국을 겨우 100년 만에 건국했다.

이슬람이 널리 확산될 수 있었던 원인 중 하나는 타종교인들이 그들의 신앙과 문화적 관행을 유지할 수 있도록 허용했다는 점이다. 이슬람교를 믿지 않는 사람들에게 자신들의 종교를 유지할 수 있도록 허용하고 그 대가로 지즈야 *Jizya*라는 세금을 부과했다. 타종교인들은 초반에는 세금을 내면서 종교를 유지했으나 점차 경제적 압박을 이기지 못하고 이슬람으로 개종했다.

북아프리카 종교와 학문의 중심지

튀니지는 북아프리카 전역에 이슬람과 아랍어를 전파하는 진원지이자 중추적인 역할을 했다. 북아프리카에 최초로 이슬

● 중세 북아프리카의 종교와 학문의 중심지였던 카이루안

람 도시인 카이루안을 건설하고 아라비아반도를 넘어 아프리카와 유럽 등지로 이슬람을 확장시켰다.

카이루안은 이슬람 정복을 위한 기지 역할을 잘 수행했고, '이슬람 문명의 요람'으로서 북아프리카 이슬람 학문을 높은 수준으로 끌어올렸다. 이뿐만 아니라 지중해 연안과 사하라 사막 사이의 교차로에 위치해 아랍 세계, 유럽 및 사하라 이남 아프리카 사이의 연결 고리가 되어 무역로 역할도 했다.

이슬람 시대가 시작된 이후 16세기 오스만 시대가 도래하기까지 1,000년이 넘는 시간 동안 튀니지에는 여러 이슬람 왕조가 흥망성쇠를 거듭했다. 튀니지의 중세 역사는 7세기 중반, 이슬람 제국이 정통 칼리프 시대를 끝내고 이슬람 최초의 세습 왕조인 우마이야 왕조가 등장하면서 시작되었다. 이 왕조는 북아프리카를 정복해 이슬람 통치를 시작했고, 670년경 튀니지에 이슬람 도시 카이루안을 세웠다. 우마이야 왕조는 역사상 가장 영향력 있는 이슬람 제국 중 하나였다.

661년에 시작되어 8세기 초 북아프리카 전체를 정복한 우마이야 왕조가 8세기 중반 무너지자 그 뒤를 이어 아바스 왕조가 새로운 지배 세력으로 등장했다. 아바스 왕조는 이프리키야 일대에 영향력을 미치고 있던 아글라브*Ibrahim ibn al-Aghlab*에게 튀니지를 통치하도록 했다. 시간이 지나면서 아바스 왕조는 분열했고 칼리프를 명목상 섬기는 아글라브 왕조가 사실상 독립하면서 튀니지를 중심으로 무슬림 자치국이 세워졌다. 아글라브 왕조가 아바스 왕조로부터 독립하면서 카이루안은 수도가 되었다.

이후 수니파였던 아글라브 왕조를 무너뜨리고 시아파 무슬림이 파티마 왕국을 세웠다. 세력이 강해진 파티마 왕조는 이집트를 정복하면서 수도를 카이로로 옮겼고 지중해 일대의 최

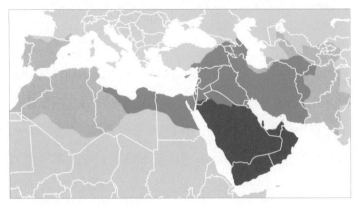

● 7세기 중반의 우마이야 왕조의 영토

● 이븐 칼둔의 동상

강자가 되었다. 파티마 왕조의 중심지가 이집트 카이로로 옮겨가자 튀니지는 제국의 변방으로 남겨졌다. 파티마 왕조가 이집트에서 세력을 확장하는 동안 통제가 약해진 틈을 타 튀니지에 영향을 미치고 있던 지리드 왕조가 파티마 왕조의 통치로부터 독립했다. 이후 중세 말기 튀니지는 알모하드 왕조의 지배를 받다가 하프시드 왕조가 나타난 이후부터는 안정적인 시기를 보냈다.

13세기 알모하드 왕조에서 분리된 종파인 하프시드 왕조는 튀니스를 수도로 삼아 독립 국가를 세웠다. 이들은 튀니스를 지중해 무역과 문회의 주요 중심지로 발전시켜 이슬람 세계에서 가장 번영하는 도시 중 하나로 성장시켰다. 이 시기 튀니지는 지중해 무역의 핵심지로써 문화와 경제가 크게 발전했다. 북아프리카 아랍 세계의 유명한 사상가 이븐 칼둔*Ibn Khaldun●* 이 활약한 시대이기도 하다.

● 튀니지를 비롯해 중세 이슬람 세계를 대표하는 역사학자 및 정치가이다. 그는 저서 《역사서설(al-Muqaddimah)》에서 이슬람 역사를 바탕으로 북서아프리카의 문명사를 체계적으로 정리하고 최초로 역사를 학문으로 정립했다는 평가를 받고 있다.

오스만 제국의 지배와
프랑스 보호령

오스만 제국의 간접 통치 시작

하프시드 왕조는 스페인의 일시적인 속국이 되면서 몰락했고 1574년 결국 오스만 제국의 지배를 받으면서 역사에서 막을 내렸다. 튀니지를 정복한 오스만 제국은 광대한 영토를 효율적으로 다스리기 위해 술탄이 다스리는 직접 통치 지역과 파샤*Pasha*●가 다스리는 간접 통치 지역으로 나누어 관리했다. 오스만 제국 초기에는 제국의 확장과 영향력을 공고히 하기 위해 영토 곳곳에 파샤를 파견했지만 점차 방대한 영토에 수많은 민

● 오스만 제국의 고위 직책으로 지역 관리나 총독을 의미한다.

족을 관리하기가 어렵게 되자 일부 지역에는 일정 수준의 자치를 인정할 수밖에 없었다.

시간이 흐르면서 오스만 제국은 튀니지에 별도의 통치자를 파견하지 않고 그 지역에 있던 왕들, 즉 베이에 의한 간접 통치 방식을 택했다. 튀니지의 베이는 오스만 제국의 술탄에게 충성하는 대가로 지역적으로 상당한 자치권을 부여받아 튀니지 내부의 행정, 재정, 군사 등을 관리했다.

16세기 말부터 17세기 초에 걸쳐 튀니지의 베이들은 오스만 제국의 영향력을 약화시키고 자신들의 권력을 강화하기 위해 노력했다. 1705년 후사인 이븐 알리*Husayn ibn Ali*가 베이에 오르면서 튀니지는 후사인 왕조라고 해도 될 만큼 오스만 제국으로부터 독립성을 확보했다. 오스만 제국의 중앙 정부에서 후사인 이븐 알리를 대신할 파샤를 내려보냈으나 후사인 이븐 알리를 지지하는 현지 유력자들에 의해 거부당해 오스만 제국이 후사인 이븐 알리를 암묵적으로 인정해야 했을 정도였다.

베이가 통제하는 후사인 왕조는 튀니지공화국이 건설되는 1957년까지 250년

● 17세기 초 오스만 제국 시대의 건축물인 다르 오스만

간 명맥을 유지했다.

　오스만 제국과 후사인 왕조의 통치는 튀니지의 사회, 경제, 문화에 깊은 영향을 미쳤으며, 이는 튀니지의 근대 역사로 이어지는 중요한 배경이 되었다. 특히 후사인 왕조의 독립적인 통치는 튀니지의 자치권 확립과 내부 발전에 중요한 역할을 했다. 하지만 결국 유럽 열강의 경제적, 정치적 간섭으로 인해 그 독립성은 점차 약화되었다.

프랑스 보호령이 되다

　15세기 말 유럽인들은 항해술을 기반으로 새로운 항로를 개척하는 데 몰두했고 심지어 우연히 대서양을 건너 아메리카 대륙까지 발견했다. 이로 인해 유럽의 식민주의는 중남미 지역 정복을 필두로 17세기에는 아프리카에 관심을 돌리기 시작했다.

　프랑스는 19세기부터 아프리카 대륙에 많은 식민지를 건설했다. 특히 영국의 종단 정책에 대항해 아프리카 대륙을 가로지르는 횡단 정책을 펼쳤다. 그 결과 프랑스 식민지는 북아프리카와 중앙아프리카에 집중되었으며, 아프리카 대륙의 40퍼센트를 차지할 정도로 광범위했다. 프랑스는 유럽 대륙에 가까운 알제리 점령을 시작으로 북아프리카부터 식민지를 확대해 나갔고 튀니지에 대한 지배권을 넓혔다. 당시 튀니지는 후

사인 왕조가 통치하고 있었
지만 정치적 불안정과 심각
한 재정 위기로 프랑스로부
터 여러 차례 대출을 받은
상태였고 1869년 결국 파산
을 선언했다.

● 1881년 바르도 조약 체결 당시의 모습

한편 튀니지를 침략할 기
회를 엿보고 있던 프랑스는
튀니지의 한 부족이 알제리로 이동한 것을 빌미로 튀니지에
프랑스 군대를 배치했고, 자국의 이익을 보호하고 안정을 유
지한다는 구실로 1881년 바르도*Bardo* 조약을 체결하고 튀니지
에 보호령을 세웠다. 이 조약은 튀니지를 공식적으로는 주권
국가로 인정하고 통치자 베이의 직함을 유지했지만 튀니지의
군사적, 외교적, 재정적 권리에 제한을 두어 후사인 왕조는 이
름만 존재할 뿐 실질적으로는 프랑스의 식민지나 다름없었다.

프랑스는 튀니지 경제를 자국의 이익에 맞추어 재편성해 나
갔다. 농업과 자원은 프랑스로 수출할 상품 생산에 집중되어
튀니지의 경제적 자립성은 점차 약화되었고, 프랑스 자본이 튀
니지의 주요 산업을 장악하면서 경제적 격차는 더욱 커졌다.
또한 프랑스의 언어와 문화가 튀니지 사회에 깊숙이 침투하면
서 튀니지의 전통 문화와 언어는 상대적으로 소외되어 갔다.

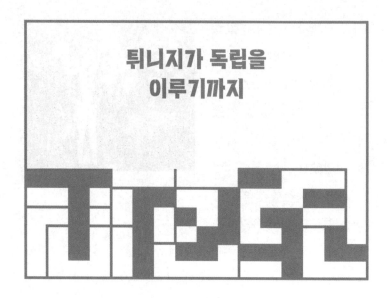

튀니지가 독립을 이루기까지

독립의 불씨

프랑스 보호령 초기 튀니지는 프랑스의 지원으로 도로, 철도 및 무역 항구 등 인프라를 건설하고 도시의 개발을 꾀하면서 현대 국가의 면모를 갖추기 시작했다. 이러한 발전은 겉으로 보기에는 튀니지의 발전을 위한 것처럼 보이지만 그 이면에는 튀니지를 더 효율적으로 지배해 경제적 이익을 극대화하려는 프랑스의 계산이 깔려있었다.

소수의 프랑스 정착민은 차별화된 혜택과 특권을 누렸고, 튀니지 국민은 경제적 착취와 사회적 불평등, 정치권의 제한 등 부당한 대우를 받았다. 유럽인, 특히 프랑스인의 정착과 경제적 침투는 튀니지 국민의 강한 반발을 샀다.

19세기 말부터 20세기 초 아랍 세계에는 유럽 열강에 대항하는 사상이 번지기 시작했고 튀니지에도 독립을 추구하는 민족주의 운동이 일어났다. 1896년 농업 현대화와 사유 재산을 장려해야 한다는 구실로 후부스(종교 신탁 토지)의 재산을 몰수해 지배 계층에게 재분배하자 프랑스 정착민은 튀니지 사람들의 분노를 살 만큼 많은 농지를 차지하게 되었다. 튀니지에서 후부스의 땅은 공동체의 소유라는 개념이 강했기 때문에 이 사건은 튀니지 국민의 민족주의 정서를 고조시켰고 프랑스 식민 지배에 대한 독립 요구로 이어졌다.

청년 튀니지당

서구 학문을 접하면서 민주주의에 대한 의식이 커진 젊은 튀니지 지식인들이 1907년 청년 튀니지당Young Tunisians을 결성했다. 이슬람 개혁주의자들이 중심이 되어 이슬람의 부흥과 개혁을 기치로 내세우며 활동하던 청년 튀니지당은 튀니지 정부와 국가 행정에 대한 튀니지 통제권과 튀니지 국민의 시민권 보장을 요구하는 독립운동을 전개해 나갔다. 이 과정에서 언론 매체의 중요성을 인식하여 1907년 〈르 튀니지앙Le Tunisien〉이라는 주간 신문을 창간하기도 했다.

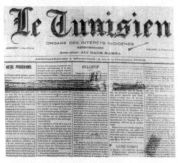

당시 발행된 신문은 튀니지의 독립운동과 관련된 내용을 다루며 독립운동의 강력한 무기가 되었다. 한국의 독립운동 과정에서 발행되었던 〈독립신문〉이 여론을 동원하고 독립운동 과정을 전

● 1907년 창간된 〈르 튀니지앙〉

파하는 데 중요한 역할을 했던 것과 같은 맥락이다.

1920년대 거세지는 정치적 저항

제1차 세계 대전은 유럽뿐 아니라 식민지 군인에게도 큰 희생을 요구했다. 튀니지에서는 약 6만 명의 군인이 프랑스군에 편입되어 참전했고, 이 중 약 1만 명이라는 사상자를 낳았다. 이러한 대규모 희생은 튀니지 국민 사이에서 독립에 대한 열망을 불러일으키며 민족주의 운동을 촉발했다.

제1차 세계 대전 후 1920년대부터 프랑스에 대한 정치적 저항이 거세지기 시작했으며 이 시기에 헌법당*Destour*이 창당되었다. 헌법당은 독립을 목표로 하는 최초의 조직화된 독립운동 단체라는 데 의의가 있다. 하지만 시간이 지나면서 활동이 급격히 감소하는 한계를 보였다.

1930년대에는 하비브 부르기바가 독립운동의 중심 인물로 부상했다. 그는 헌법당에서 나와 강한 리더십 아래에 1934년 신헌법당Neo-Destour을 창당하고 독립을 위한 길을 열었다.

● 1937년 신헌법당 대회

세속적인 경향을 보였던 신헌법당은 종교만으로는 국가를 세우기에 충분하지 않다고 보았다. 하비브 부르기바는 정치적 선동 방법과 급진적인 민족주의 운동으로 식민지 당국의 요주의 인물이 되었고, 헌법당과 신헌법당 모두 일시적으로 해산되었다. 그는 프랑스의 탄압으로 빈번한 투옥과 망명 생활을 이어가며 튀니지가 독립을 이룰 때까지 해외에서 프랑스 식민 지배의 부당함을 알렸다.

제2차 세계 대전 중 북아프리카에서는 연합군과 추축국 간의 중요한 군사 작전이 벌어졌다. 이탈리아와 독일군에게 점령된 튀니지는 양국 군대의 전쟁터가 되었으며, 통제권이 여러 번 바뀌면서 막대한 희생을 치렀다. 이탈리아와 독일이 튀니지를 점령했지만 곧 연합군에 의해 밀려났고 다시 프랑스의 통제하에 들어간 것이다. 북아프리카에서의 전쟁은 추축국들

● 독립 의정서 서명　　　　　● 튀니지 초대 대통령 하비브 부르기바

이 연합국에 항복하면서 끝이 났다. 연합군과 추축국 사이에 끼인 튀니지는 전쟁으로 엄청난 인명 피해를 보았다. 주요 도시가 파괴되었고 경제가 파탄 날 정도였다.

　제2차 세계 대전 이후 전 세계적으로 반식민 감정이 고조되면서 튀니지의 독립운동은 다시 탄력을 받았다. 이번에도 신헌법당이 독립운동의 선봉에 섰다. 1956년 2월 파리에서 하비브 부르기바가 이끄는 튀니지 대표단은 프랑스 정부와 독립에 관한 협상을 벌였고, 프랑스는 공식적으로 튀니지의 독립을 인정했다. 1956년 3월 20일, 튀니지는 1881년에 체결된 바르도 조약을 폐기하는 의정서에 서명함으로써 독립 국가가 되었다.

비제르트 위기

비제르트 위기는 1961년 튀니지와 프랑스 사이에 발생한 군사적 충돌을 말한다. 프랑스는 1956년 튀니지의 독립을 인정했음에도 비제르트 해군 기지에 대한 통제권을 유지했다.

비제르트는 지중해에 쉽게 접근할 수 있는 위치에 있어 기원전 3,000년 전부터 페니키아인들이 전초 기지로 개척했을 정도로 전략적으로 중요한 곳이었다. 프랑스는 튀니지의 가장

● 1961년 프랑스군과의 전투에서 약 1,000여 명의 사상자가 발생했다.

비옥한 이 지역의 땅을 계속해서 지배하고자 했다. 이는 명백히 튀니지의 주권을 침해하는 행위였다.

튀니지는 프랑스의 주둔이 주권을 침해한다고 주장했지만 독립한 지 5년이 지났는데도 프랑스는 여전히 본국의 해군을 비제르트에 주둔했다. 결국 튀니지는 1961년 7월 군사 행동을 결정했고 3일간의 교전을

벌였다. 이 전쟁으로 양측 모두 희생자가 발생했지만 튀니지 측의 희생자 수가 압도적으로 많았다.

프랑스의 군사 행동은 국제적인 비난을 받았다. 그리고 유엔 안전보장이사회의 압력 끝에 프랑스는 비제르트를 포기하기로 결정했다. 약 1,000명의 튀니지 군인과 민간인이 희생된 뒤에야 프랑스는 에비앙 협정을 체결하고 완전히 철수했다.

1963년 10월 15일, 프랑스군이 모두 철수하면서 튀니지는 독립 7년 만에 완전한 주권을 회복했다. 튀니지에서는 매년 10월 15일을 '프랑스군 철수의 날'로 지정해 프랑스군이 튀니지 땅에서 마지막으로 퇴각한 것을 기념하고 목숨을 잃은 군인과 민간인을 추모한다.

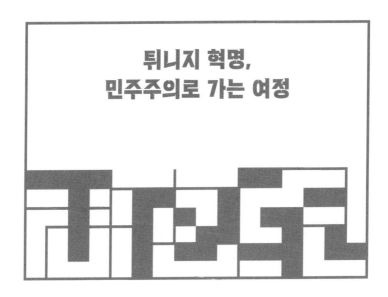

튀니지 혁명, 민주주의로 가는 여정

'아랍의 봄'은 2010년 12월부터 중동과 북아프리카의 아랍 국가에서 일어난 민주화 시위와 혁명을 가르킨다. 이는 권위적인 정권에 도전하고 정치 개혁을 요구하는 시위의 물결을 상징한다.

당시 독재 정권의 교체를 바라는 대규모 시위는 쉽게 가라앉지 않는 거센 파도와도 같았다. 이 운동은 민주주의의 불모지로 여겨졌던 나라에 큰 변화의 바람을 일으켰지만, 권위주의 정권이 복귀하거나 내전으로 치달으며 민주주의가 뿌리내리는 데 어려움을 겪었다. 유일하게 튀니지만이 민주주의가 정착한 사례로 평가된다.

좁혀지지 않는 정파 갈등, 불안정한 경제 상황 등 튀니지의 민주화 과정은 여러 도전에 직면했지만 평화적인 방법으로 극복해 갔다. 선거를 통한 제헌 의회의 출범과 새 헌법의 제정은 이러한 발전의 중요한 이정표가 되었다. 지난 정부의 장기 독재 잔재를 청산하고 보이지 않는 정부의 통제를 극복하기 위해 튀니지는 오늘도 고군분투하고 있다.

튀니지 혁명, 아랍의 봄을 이끌다

세계의 이목을 집중시켰던 '아랍의 봄'의 시발점이 바로 튀니지다. 당시 벤 알리*Zine El Abidine Ben Ali* 대통령은 30년간 장기 독재하던 하비브 부르기바 대통령을 무혈 쿠데타로 퇴임시킨 뒤 20년이 넘도록 철권 통치를 하고 있었다. 국민들은 물가 상승, 빈곤, 실업 등으로 생활고에 시달렸지만 벤 알리 대통령은 과도한 공권력과 부정부패를 일삼는 행적에 국민의 불만은 극에 달했다.

2010년 말 튀니지 남부 시디 부지드에서 무허가 노점상으로 생계를 이어가던 청년 무함마드 부아지지*Mohammed Bouazizi*가 경찰 단속반에게 물건을 빼앗기는 일이 발생했다. 그는 이에 항의했지만 권력의 작은 끈도 없는 청년에게 돌아온 것은 무시뿐이었다. 항의의 뜻으로 그는 시청 앞에서 분신을 시도했고 안타깝게도 목숨을 잃었다. 그의 소식이 소셜 네트워크를

● 2011년 1월 14일 튀니지 혁명 당시 하비브 부르기바 거리에 모인 사람들

타고 순식간에 튀니지 전역으로 퍼졌다. 그리고 이 사건은 '아랍의 봄'의 시작을 알리는 기폭제가 되었다.

시위 초기에는 실업난으로 고통받던 청년들이 일자리를 요구하는 시위가 주를 이루었다. 하지만 곧 모든 계층으로 확산되어 사회운동으로 확대되었고 정부의 무력 사용은 대중의 분노를 부채질할 뿐 시위는 더욱 거세졌다. 순식간에 벤 알리 정권 퇴진을 요구하는 튀니지 혁명으로 이어진 시위는 23년간 집권했던 독재 정권을 무너뜨리는 성과를 거두었다.

튀니지 혁명은 아랍권 지역에서 일어난 첫 시민운동으로 시민의 힘으로 정권을 교체했다는 데 큰 의미가 있다. 튀니지 혁명은 한국의 소년 김주열의 죽음으로 시작된 4.19 혁명, 1980년 광주 항쟁과 같은 한국의 민주화 과정과 그 맥이 닿아있다. 튀니지 혁명이 성공하자 민주화 시위는 주변국의 독재 정권을 덮치며 알제리, 이집트, 리비아, 예멘, 시리아를 거쳐 중동 아랍권 전역으로 번져나갔다. 서방 언론은 이 혁명을 튀니지의 국화인 재스민에 이름을 붙여 '재스민 혁명'이라고도 부른다.

첫 민선 대통령 탄생

● 첫 민선 대통령 베지 카이드 에셉시

'아랍의 봄' 이후 튀니지는 제헌 의회 출범을 시작으로 민주주의의 새로운 장을 열었다. 2014년에는 자유롭고 공정한 대통령 선거를 거쳐 베지 카이드 에셉시 *Beji Caid Essebsi* 가 대통령으로 선출되었다. 그는 독립 이후 튀니지에서 처음으로 선출된 자유 민주주의 대통령이다.

베지 카이드 에셉시 대통령은 재임 기간 동안 장기 독재 정부의 잔재를 청산하고 투명하고 책임 있는 정부를 운영하기 위해 노력했다. 다양한 정치적 의견과 언론의 자유를 존중하는 환경을 조성하는 데 중점을 두었던 그는 튀니지의 민주주의 발전에 중요한 기여를 했다는 평가를 받고 있다.

'아랍의 봄'의 결과는 나라마다 달랐다. 튀니지는 상대적으로 평화로운 정치 교체와 민주적 이정표를 달성했지만 독재 정권이 무너지나 싶더니 이내 다른 독재 정권이 집권한 나라도 있고, 여러 세력의 권력 다툼으로 내전이 발생하거나 정치적 불안과 분쟁 등 혼란이 장기간 지속되는 나라도 있었다.

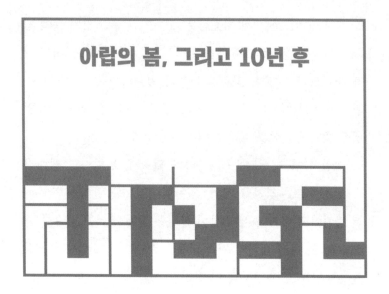

아랍의 봄, 그리고 10년 후

2019년 튀니지는 두 번째 대통령 선거와 세 번째 총선을 치렀다. 제한된 형식이었지만 튀니지 역사상 처음으로 대통령 후보의 TV 토론도 개최되었다. 2019년 대선에서는 헌법학자 출신인 무소속 후보 카이스 사이에드*Kais Saied*가 젊은 층의 압도적인 지지를 얻어 대통령에 당선되면서 정권 교체가 안정적으로 이루었다.

그러나 2014년에 치러진 첫 번째 대선에 비해 투표율은 25퍼센트나 감소했다. 또한 집권 여당이자 온건 이슬람 성향인 엔나흐다당의 지지율도 하락했다. 여당의 의석수 감소와 무소속 후

148

● 2019년 대통령 선거를 앞두고 튀니지 역사상 처음으로 TV 토론이 개최되었다.

보의 대통령 당선은 집권당의 무능과 부패에 실망한 민심을 반영한 결과로 풀이된다.

2021년 1월, 튀니지 혁명 10주년을 맞이해 실업과 빈곤에 항의하는 반정부 시위가 전국에서 일어났다. 이 시위는 '제2의 아랍의 봄'이라고 불릴 정도로 격렬했으며 사망자가 속출하고 수천 명이 체포되는 등 심각한 상황까지 치달았다.

튀니지는 중동과 북아프리카에서는 드물게 민주화에 성공했다는 평가를 받았지만 심각한 경제난과 정치적 갈등 속에서 국민의 불만이 쌓이고 코로나19 확산과 우크라이나 전쟁까지 겹치면서 또 한 번의 국가 위기가 닥쳤다. '아랍의 봄'이 촉발된 배경에는 높은 실업률과 경제난이 있었는데 10년이 흘렀는

● 2019 대통령 선거 후보 홍보 포스터와 투표에 참여하는 시민들

데도 튀니지 사람들이 느끼는 문제점은 10년 전과 별반 다르지 않았다. 오히려 상황은 더 복잡해졌고 국가는 극심한 재정 위기 때문에 파산 직전까지 이르렀다. 급기야 카이스 사이에드 대통령은 국가 위기 대응 조치라며 총리와 내각을 해임하고 의회 기능을 정지시켰다.

대통령이 국방·외교 등 나라의 바깥일을 맡고 국회에서 선출된 총리가 행정을 비롯한 나라 안의 일을 책임지는 이원집정부제에서 총리를 쫓아내고 의회 문을 닫은 것은 대통령에게 모든 권력이 집중되었다는 것을 의미한다. 심지어 대통령 권한 강화를 위한 개헌안을 국민투표에 부쳐 입법부와 사법부까지 통제하는 막강한 권한을 부여할 상황이 이르렀으니 권력 집중에 이어 독재의 위험까지 맞닥뜨렸다.

개헌안에 앞서 더 큰 문제는 2022년 12월에 치러진 총선의 투표율이 10퍼센트에도 미치지 못했다는 사실이다. 투표 보이콧은 전례 없는 낮은 투표율로 이어져 선거가 정치적으로 의미 없게 만들었다. 주요 정당은 총선에 출마하지 않았고 시민들도 대부분 투표에 참여하지 않자 국제 사회는 튀니지가 독재 정권으로 회귀하는 것이 아니냐는 우려를 쏟아내고 있다.

국민 일부는 잃어버린 10년을 만회할 강력한 리더십을 가진 지도자를 간절히 원하고 있다. 2022년 아랍 바로미터 설문 조사에서는 헌법 기관의 기능을 정지시키고 의회를 해산한 카이스 사이에드 대통령의 결정을 지지한다는 사람이 10명 중 9명으로 나타났다. 또한 민주주의하에서는 경제가 취약하다고 응답한 비율이 4명 중 1명으로 아랍 지역에서는 민주주의가 완벽한 정부 형태가 아니라는 인식이 확산되고 있다.

민주주의는 한 번에 이루어지는 것이 아니라 여러 단계와 도전을 거치며 성장한다. 튀니지는 '아랍의 봄' 이후 민주주의를 향한 길을 걸어왔고 이 과정에서 많은 성취와 도전을 경험했다. 아직도 여러 어려움에 직면해 있지만 국민의 단결과 희망으로 극복할 것이라고 믿는다. 튀니지는 봄이 오기를 기다리는 것이 아니라 봄을 만들어가는 나라이다.

함께 생각하고 토론하기

튀니지는 2011년 튀니지 혁명 이후부터 최근 10년 동안 세 명의 대통령이 바뀌었지만 국가 내부적인 상황, 코로나19, 전쟁 등이 겹치면서 높은 물가와 실업률을 이기지 못하고 다소 어려운 국면에 처해 있습니다. 한 설문 조사에 의하면 튀니지 국민의 상당수가 '오히려 독재 정권 시대가 살기 나았다'라고 응답했습니다. 10년 전 아랍의 봄의 발원지였던 튀니지가 독재로 회귀하는 것 아니냐는 우려의 목소리가 커지고 있습니다.

● 튀니지와 마찬가지로 한국도 광복 이후 경제 부흥이라는 명목하에 강력한 통제와 억압에 놓였던 시기가 있었습니다. 단기간에 경제 발전을 이루기 위해서는 권위주의나 독재가 효율적일까요? 아니면 민주주의가 이상적인 정치 제도일까요?

4부

문화로 보는
튀니지

거짓말은 찰나의 생명을 구하지만,
진실된 말은 영원한 구원자가 될 것이다.

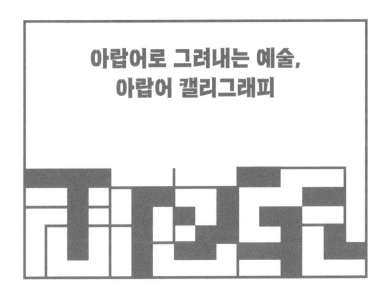

아랍어로 그려내는 예술, 아랍어 캘리그래피

19~20세기 유럽 예술가들은 전시회, 컬렉션, 여행 등 다양한 경로를 통해 이슬람 예술과 캘리그래피를 접했다. 이슬람의 추상적이고 기하학적인 디자인은 예술의 경계를 넓히고자 하는 예술가들의 호기심을 자극했고 전통적인 스타일에서 벗어나고자 했던 예술가들의 반향을 불러일으키기에 충분했다.

특히 앙리 마티스*Henri Matisse*, 파울 클레*Paul Klee*, 파블로 피카소*Pablo Picasso*의 일부 작품은 이슬람 캘리그래피의 영향을 받은 것으로 알려진 바 있다.

캘리그래피*Calligraphy*는 '아름답다'는 뜻의 그리스어 'Kallos' 와 '필적'을 의미하는 'Graphy'가 조합된 용어로 글씨를 아름답게 쓰는 기술을 의미한다. 아랍어 캘리그래피는 이슬람 경전인 쿠란, 역사서 등을 중심으로 발달했으며, 이슬람 문화권에서는 오늘날에도 사랑받고 있는 예술 장르이다.

멀리서 봤을 때 그림이었는데 가까이서 보니 아랍어 글자가 복잡하게 얽혀있다. 글자를 그림으로 그려내니 신기하기도 하고 아름답기도 하다. 아랍어 캘리그래피를 "잉크로 쓴 멜로디 같다"라고 표현하는데, 이는 아랍어가 리드미컬하고 유연하게 종이 위를 수놓은 것에 빗댄 것으로 '눈으로 보는 음악'이라고 해도 과언이 아니다.

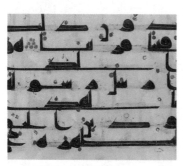

● 이슬람 시대 초기의 쿠피체

캘리그래피는 시대와 지역에 따라 다양한 서체가 존재한다. 이슬람 초기인 7세기에는 각진 서체가 널리 사용되다가 10세기에 둥근 필기체가 등장하고 후기로 갈수록 새로운 형태의 서체가 개발되었다. 일부 서체는 왕실에서 비밀을 보장하고 위조를 방지하는 용도로 사용되기도 했다. 문화권에 따라 페르시아, 오

● 10세기의 술루스체

● 14세기 이후의 디와니체

● 북아프리카의 미그리비체

● 칼람

스만, 맘루크 캘리그래피 등으로 나누어지고 마그레브 문화권에 위치한 튀니지는 마그리비*Maghribi*라는 둥근 서체가 발달했다.

한국, 중국을 비롯한 아시아 지역의 캘리그래피에서는 붓을 사용한다. 반면 아랍어 캘리그래피에서는 갈대로 만든 딱딱한 펜의 일종인 칼람*Qalam*을 사용한다. 동양에서 먹을 가는 과정을 정신 수양의 하나로 여기듯 아랍 문화권에서는 칼람을 잘 깎는 기술을 훌륭한 캘리그래퍼의 자질로 여긴다.

기하학적 문양의 발달

이슬람 문화권에서는 글자에 '신을 담는다'라고 표현할 정도로 그림보다 글씨가 발달했다. 이슬람 경전 쿠란은 신의 계시를 받은 아랍어로만 기록된다. 조각이나 그림을 금지하는 명시적 조항은 없지만 자칫 우상 숭배로 이어질 수 있다는 우려로 사실상 이를 금지해 왔다. 대신 기하학적 문양, 식물이나 꽃과 같은 자연 요소를 활용한 디자인을 사용했다.

아랍어 캘리그래피는 2021년 유네스코 세계 무형 문화유산에 등재되었다. 튀니지를 비롯해 사우디아라비아, 이집트, 모로코 등 총 16개국이 함께 이룬 성과이다. 유네스코가 아랍어 캘리그래피를 무형 문화유산으로 인정한 것은 의사소통의 한 형태를 넘어 문화적 표현과 창의성의 매체로써 보존할 필요성을 인식했기 때문이다.

튀니지 국립 캘리그래피 예술센터는 캘리그래피의 보존과 발전을 위해 설립되었다. 역량 있는 캘리그래퍼를 양성하는 것이 주요 역할이며 작가들의 작품 활동을 지원하고 연구, 책 편

● 카이루안의 대모스크 벽면을 장식하고 있는 기하학적 문양들

찬 등의 활동을 한다. 하지만 한때 강사 부족으로 존폐 위기에 처했던 시기도 있었다.

최근 튀니지 정부는 국제 캘리그래피 예술센터를 건립하는 프로젝트를 발표하고 긴밀하게 추진 중이다. 이 센터는 아랍어뿐 아니라 다양한 언어를 포함해 더 넓은 문화권을 수용하고 영향력을 확대하겠다는 포부를 밝혔다. 앞으로 튀니지가 이슬람 문화권을 넘어 세계 캘리그래피 문화 발전에 어떻게 기여할지 그 행보가 기대된다.

아라베스크

아랍과 이슬람 세계에서 시작된 예술 장식으로 이슬람을 대표하는 문양이다. 식물의 모티프와 줄기 등을 뜻하는 르네상스 시대의 이탈리아어 아라베스코*Arabesco*에서 유래했다. 쿠란의 캘리그래피를 비롯해 모스크, 궁전, 도자기, 직물, 카펫 등 장식품이나 예술 작품에도 폭넓게 활용되었다.

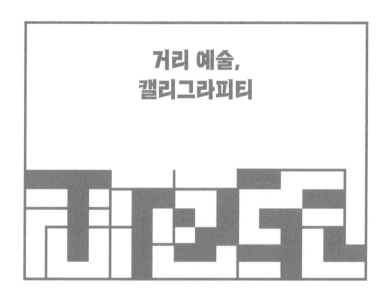

거리 예술, 캘리그라피티

북아프리카 거리 예술의 '핫플'

한때 정부에 의해 표현의 자유가 엄격하게 통제되었던 튀니지는 거리 예술을 사회의 불안 요소로 간주하고 규제와 검열의 대상으로 보았다. 벽화는 정부의 승인을 얻어야 했고 사회 비판적 예술가들은 종종 정부의 탄압을 받았다.

'아랍의 봄'은 튀니지에 정권 교체뿐 아니라 예술계에도 새로운 바람을 일으켰다. 혁명 이후 도시와 지방의 공공장소에는 예술 작품이 눈에 띄게 급증했으며 거리 예술은 때아닌 호황을 누렸다. 수도와 지방 소도시의 카페, 학교 심지어 모스크에서 벽화를 목격하는 것은 더 이상 낯선 일이 아니다. 거리 예술은 창의적인 표현의 수단으로 인식되고 있고 사회 변혁을 소망하는 민심과도 잘 맞아떨어진다. 외신들은 튀니지를 아프리카에서 가장 역동적인 거리 예술의 현장이라고 보도하며 전 세계 미술 애호가들의 시선을 사로잡았다고 전했다.

거리 예술은 사람들이 자신의 의견을 표현하고 기존 권력 체제에 도전하며 사회 문제에 관심을 기울이는 수단이다. 또한 격변의 시기에 사회적 메시지를 전달하고 대중과 소통할 수 있는 강력한 도구이다. 지난 10년 동안 많은 예술가가 생겨났고 벽을 장식한 거리 예술은 희망, 사회 정의 문제를 공론화하며 소통의 장 역할을 했다.

전통과 현대 예술의 만남, 캘리그라피티

튀니지 거리 예술은 캘리그라피티*Calligraffiti*라는 장르를 중심으로 발전해 왔다. 전통과 현대가 조화를 이룬 튀니지 스타일의 그라피티는 전 세계 거리 예술 현장에서 더욱 빛을 발한다.

캘리그라피티는 '캘리그래피*Calligraphy*'와 '그라피티*Graffiti*'의 합성어에서 유래한다. 전통적인 아랍 캘리그래피는 엄격하고 많은 규칙이 따르는 반면, 그라피티는 기법과 스타일을 자유롭게 사용해 시각적으로 눈에 띄는 작품을 만들 수 있다. 캘리그라피티는 아랍어 캘리그래피의 규율과 그라피티의 자유

● 공공장소의 건물 벽에 그려진 그림. 알렉산드르 하씬 말렐의 작품

로움이 결합해 두 예술 사이의 간극을 메꾸며 대중의 관심을 불러일으켰다. 예술적 감성과 더불어 대중에게 메시지를 전달하는 호소력 때문에 중동 및 북아프리카의 예술가들에게 선풍적인 인기를 얻었다. 특히 튀니지에서는 시각적으로 아름다울 뿐 아니라 사회 문제를 풍자하고 비판하는 강력한 수단으로 역할을 하는 그라피티 작품을 일상에서 쉽게 접할 수 있다.

그러나 예술가들과 정부 사이의 긴장감은 여전히 존재한다. 최근 자신의 작품이 검열되고 있으며 법적 처벌에 직면했다고

호소하는 사례가 알려지면서 예술적 자유가 축소되고 있는 것
은 아닌지 우려의 목소리가 커지고 있다.

국제 무대를 사로잡은 튀니지의 예술가들

전통과 현대가 독특하게 조화를 이루는 튀니지 스타일의 그
라피티는 전 세계 거리 예술 현장에서 더욱 빛을 발하고 있다.
튀니지 예술가들은 국제 무대에 적극적으로 참여해 자신들의
작품을 선보이며 세계 무대로 나아가는 기회를 마련해 왔다.
이러한 활동은 아랍어에 익숙하지 않은 다른 문화권 사람들에
게도 종교와 언어 장벽을 초월해 영감과 감동을 주었다.

튀니지 예술가들의 이슬람 예술과 현대 그라피티의 시각적
언어를 결합하는 탁월한 능력은 대중의 공감을 얻는 데 핵심
적인 역할을 했다. 거리를 캔버스 삼아 강력한 메시지를 전달
하는 거리 예술은 튀니지의 사회와 문화를 반영하고 있으며,
북아프리카에서 가장 역동적인 거리 예술의 본거지로 자리매
김하게 했다.

엘 시드

엘 시드 *eL Seed* 는 회화와 조각 분야를 넘나드는 현대 예술가
이자 세계에서 손꼽히는 캘리그라피티 예술가이다. 그는 전통

● 이집트 카이로에 설치된 엘 시드의 작품

적인 아랍 캘리그래피와 현대 그라피티 스타일을 융합해 희망
과 평화의 메시지를 전달한다.

　프랑스 파리에서 태어나 유년 시절을 보내면서 아랍어를
배운 그는 캘리그라피티에 매료되었다고 한다. 그의 예술은
전 세계의 유명한 랜드마크를 장식하고 있으며, 세계의 긍정
적인 변화를 주도할 비전과 영향력을 인정받아 2021년 세계
경제포럼에서 젊은 글로벌 리더*Young Global Leader*로 선정되었

다. 2019년에는 카이로 '퍼셉션*Perception* 프로젝트'로 국제 공공미술상을, 2017년에는 아랍 문화에 대한 유네스코 샤르자상을 수상했다.

잉크만

잉크만*Inkman*의 본명은 무함마드 킬라니 트빕*Mohamed Kilani Tbib*이며 캘리그래피 아티스트이자 그래픽 디자이너이다. 아랍어와 라틴 알파벳에서 영감을 받아 한 편의 시를 녹여내는 듯한 독특한 작품을 그린다. 2014년 제르바섬의 에리아드 마을을 야외 박물관으로 바꾸는 제르바후드*Djerbahood* 프로젝트에 참여했을 당시 그의 작품은 선풍적인 인기를 끌었다.

● 잉크만의 작품인 두바이 야외 박물관 프로젝트

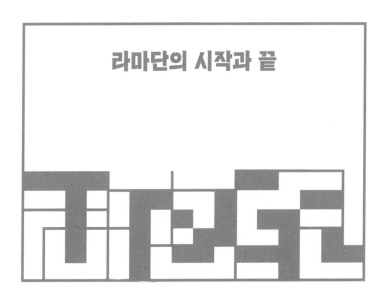

라마단의 시작과 끝

이슬람의 최고 절기 라마단

라마단은 이슬람교의 중요한 절기이자 무슬림이 지켜야 하는 5대 의무 중 하나이다. 라마단의 가장 큰 특징은 해가 떠 있는 동안 금식하는 것이다. 라마단 기간에는 보통 하루의 15~16시간가량 물을 포함한 어떤 식사도 하지 않는다. 또한 술, 담배, 거짓말 등 부도덕한 행동을 삼가고 본능적인 욕구를 최대한 자제하며 주변의 어렵고 소외된 이웃을 돌보는 자선과 관용의 시간을 갖는다. 라마단 기간에는 현지의 기도 시간을 알리는 아잔*Azan* 소리가 더 성스럽게 들리는 듯하다.

라마단은 무슬림에게 부여된 의무이지만 건강상에 문제가

있거나 임산부, 모유 수유 중인 여성, 노약자 등은 제외된다. 2020년 아랍에미리트의 이슬람 율법 해석을 담당하는 위원회는 코로나19 팬데믹의 최전선에서 사투를 벌이는 의료진에게 금식하지 않아도 된다는 예외를 두기도 했다.

해마다 달라지는 라마단 기간

라마단은 이슬람력(히즈라력)의 아홉 번째 달로 아랍어로는 '타는 듯한 더위와 건조함'이라는 뜻이 있다. 라마단의 첫날과 마지막 날은 아홉 번째 초승달이 뜨는 시점에 따라 결정된다.

이슬람력은 한국의 음력처럼 달의 움직임을 기준으로 하지만 그것과는 다르다. 태음태양력이라고도 하는 한국의 음력은 달의 상태와 태양의 위치를 모두 고려해 계산된다. 한 해는 354일이지만 3년마다 한 번씩 윤달을 두어 양력과의 차이를 줄인다.

그러나 이슬람력은 순태음력이라고 하며 달의 공전 주기만으로 날짜를 잡는다. 이슬람력도 한 해가 354일이지만 윤달을 두지 않기 때문에 라마단은 매년 11일씩 앞당겨져 해마다 다른 시기에 시작하고 끝난다. '무더운 달'이 아니라 겨울에 라마단을 맞이할 수도 있다.

라마단이 되면 국가 전체가 라마단 패턴으로 바뀐다. 튀니지뿐만 아니라 전 세계의 무슬림 20억 명이 하나로 단합하는 시기이기도 하다. 단식을 위해 근무 시간이 조정되고 공공기관이나 식당, 카페 등이 낮 동안 문을 닫기도 한다. 라마단 기간에 관공서를 이용하거나 비즈니스 약속을 잡을 때는 상대방의 근무 시간을 파악하는 것이 좋다.

이프타르Iftar는 단식을 마치고 먹는 첫 식사를 말한다. 일몰 시각에 맞추어 준비하기 때문에 해 질 무렵이 되면 거리는 이프타르를 먹기 위해 집으로 향하는 사람들로 북적인다. 특히 일몰 1~2시간 전후로 귀갓길 차량이 몰

● 호텔 레스토랑에서 제공하는 이프타르 코스 메뉴

리면서 교통 체증이 심해진다. 이때의 식사 시간은 평소보다 긴 편이고 음식은 풍성하다. 종교적 의미와 함께 친밀감과 공동체 의식을 강화하는 의미도 있다.

라마단 기간에는 많은 레스토랑이 손님을 끌어모으기 위해 이프타르 특별 메뉴를 선보이며 마케팅을 펼친다. 무슬림이 아니더라도 튀니지 사람들과 함께 이프타르를 통해 친교를 나누

며 라마단의 밤을 경험해 보는 것도 좋다.

라마단 특수

라마단 기간에는 '라마단 특수'라는 표현이 있을 정도로 소비 활성화가 이루어진다. 식료품은 평소보다 수요가 급증하고 주방용품, 가전제품, 의류 등의 공산품도 마찬가지이다.

한국에 명절 특수가 있는 것처럼 튀니지 기업들도 라마단 특수를 잡기 위해 할인 행사, 홍보 행사 등 마케팅에 열을 올린다. 반면 정부는 민생안정을 위해 라마단 동안 물가를 안정시키고 원활한 물자 공급이 이루어지도록 촉각을 곤두세우느라 여념이 없다. 엄격하게 물가를 통제하기 위해 위반자에게는 압류나 폐쇄 등 강력한 법적 조치로 대처한다.

라마단 인사

라마단 기간 동안 이웃들과 나누는 특별한 인사말이 있다. "라마단 무바락*Ramadan Mubarak*(축복받은 라마단)"과 "라마단 카림*Ramadan Kareem*(넉넉한 라마단 되세요)"이다. 금식과 기도 중에 잘 지내기를 기원하고 축복하는 인사이다.

● 라마단 명절을 앞두고 쇼핑하는 가족

라마단이 끝나면 '이드 알 피트르*Eid al-Fitr*'라는 축제가 열린다. 이는 '단식을 깨는 축제'로 아홉 번째 달이 끝나고 열 번째 달의 첫째 날부터 3일 동안 이어진다.

이드 알 피트르에는 라마단 한 달을 무사히 잘 보낸 것을 축하하며 "이드 무바락*Eid Mubarak*(축복받는 이드가 되세요)"이라고 서로 인사를 나눈다. 가장 좋은 옷으로 차려입고 친척과 친구들을 방문하기도 한다. 설빔이나 추석빔같이 새 옷을 입고 가족들과 다 함께 모여 음식을 먹으며 덕담을 나누는 우리나라의 추석이나 설과 비슷하다. 어른들이 아이들에게 선물이나 용돈을 주는 모습도 우리와 같다.

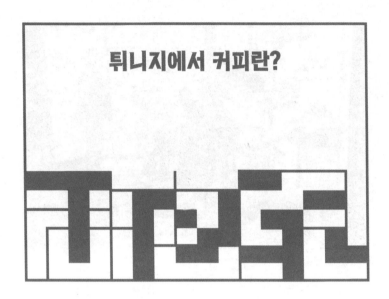

튀니지에서 커피란?

커피는 사회적 음료이다. 사람들이 모이는 장소에 커피를 빼놓을 수 없을 정도로 대중적인 음료로 자리 잡았다.

일찍이 튀니지에서도 커피는 사회적 음료로써의 역할을 톡톡히 했다. 커피는 환대를 상징하며 손님에게 커피를 제공하는 것은 관례에 속한다.

매일의 리듬이 있는 곳, 카페

튀니지 사람들은 다양한 방식으로 커피를 소비이므로 튀니지 문화를 이해하려면 이들의 커피 문화를 알아야 한다. 튀니

172

지에는 소규모 카페가 주를 이룬다. 부유한 동네의 고급 커피숍부터 에스프레소 기계 한 대로 조촐하게 운영하는 시골 마을의 카페까지 튀니지에서는 발길이 닿는 곳마다 카페가 보인다.

● 지중해가 내려다보이는 카페

오전 6시가 되면 사람들은 출근 전 카페로 향한다. 모스크에서 새벽 기도를 마친 사람들도 모여든다. 우리와 다른 점이 있다면 테이크아웃보다 자리 한 켠에 앉아서 이야기하며 마시는 것을 선호한다는 것이다. 때때로 축구 경기를 함께 보기도 하고 정치와 문화에 대해 격렬하게 토론하기도 한다.

● 카페는 튀니지 사람들의 정치, 경제 및 사회 활동의 진원지였다.

튀니지 사람들에게 카페는 맛 좋은 원두로 만든 커피를 제공하는 장소라기보다는 커뮤니티와 사교의 공간이라는 의미가 더 강하다. 프랑스 지배 당시 20세기 지식인, 독립 활동가들의 만남과 토론 장소로써 그리고 민주주의 운동의 출발지로써 혁혁한 공을 세운 출발지이기도 하다. 이런 이유로 카페를 튀니지 사람들의 정치, 경제 및 사회 활동의 진원지라고도 부른다.

커피는 진해야 한다

● 에스프레소에 우유 거품을 첨가한 커피 카푸싱

한국의 커피 소비는 20세기 후반에 시작된 비교적 새로운 트렌드이다. 우리나라 사람들은 문화적, 사회적인 이유보다는 맛과 편리함을 위해 커피를 마시는 경향이 있으며, 이는 바쁜 라이프 스타일과 관련 있는 경우가 많다.

한국은 연한 아메리카노를 많이 마시지만 튀니지 사람들은 진하고 강한 에스프레소나 카페 알롱제를 즐겨 마신

● 튀니지 아라빅 커피　　　　● 제주아 주전자

다. 그 외에 에스프레소 기반의 커피에 우유를 첨가한 카푸싱
*Capucin*이나 디렉*Direct*을 즐겨 마신다. 원래 튀니지 카페에는
아이스아메리카노 메뉴가 없지만 최근 2~3년 전부터 소위 신
상 카페라고 불리는 곳들이 생겨나면서 젊은이들 사이에서 즐
겨 마시는 커피가 되었다.

　튀니지에 커피가 들어온 시기는 16세기 오스만 제국 시대로
추정된다. 이후 19세기까지 무려 150개의 아라빅 카페가 생겨
났다. 튀니지 아라빅 커피는 제주아*Zézoua*라고 불리는 튀니지
커피포트에 물과 함께 곱게 간 커피 가루, 설탕을 넣고 끓인 것
으로, 오렌지 꽃수나 오렌지 껍질 가루를 첨가해 중동의 아랍
커피와는 사뭇 다른 매력의 커피 향을 느낄 수 있다. 커피 가루
는 필터에 거르지 않고 커피액과 함께 마신다. 추출액 커피에
익숙한 우리에게는 다소 생소할 수 있다.

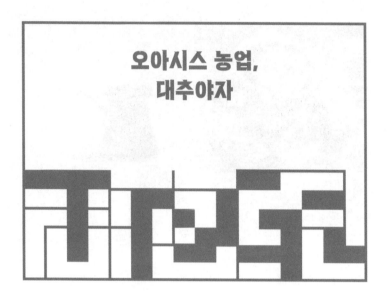

오아시스 농업, 대추야자

최고의 품질, 튀니지의 대추야자

대추야자는 덥고 건조한 지역에서 많이 재배되며 100여 가지가 넘는 다양한 종류가 있다. "발은 물속에, 머리는 불에*Feet in the water, Head in the fire*"라는 표현에서 대추야자나무가 열매를 맺으려면 얼마나 많은 물과 풍부한 햇빛이 필요한지 유추해 볼 수 있다.

튀니지의 남부 지역은 대추야자를 생산하기에 이상적인 기후이다. 이 지역의 대추야자는 오아시스와 같은 제한된 물 공급에도 잘 견딘다. 특별히 관리하지 않아도 한 그루에 무려 100킬로그램의 열매가 열리며 150년 동안이나 열매를 맺을 수 있다고 하니 그 강인한 생명력에 놀라지 않을 수 없다. 자라는 모습은 마치 바나나송이 같고, 땅에서 15미터 이상 높이 매달려 있는 모습은 마치 마치 폭죽이 터지는 모양과 유사하다.

이슬람 문화와 대추야자

우리나라에 대추야자가 알려진 것은 국내 방송 프로그램에서 아랍에미리트의 총리 만수르 빈 자이드 알 나얀*Mansour bin Zayed Al Nahyan*이 즐겨 먹는 간식으로 소개된 뒤부터이다. 두바이의 인공섬인 팜 아일랜드 역시 야자나무를 모티브로 해 디자인되었는데 그것이 바로 대추야자나무이다.

대추야자는 이슬람 문화에서 특별하다. 쿠란에는 대추야자가 무려 22차례나 언급된다. 라마단 기간 중 이프타르의 시작으로도 대추야자가 권장된다. 소화를 돕고 영양을 빠르게 공급해 신체 시스템의 균형을 재조정해 주기 때문이다. 대추야자는 라마단을 앞두고 소비가 급증하기 때문에 한 달간 소비할 대추야자를 미리 사놓기도 한다.

● 여러 종류의 대추야자

● 튀니지 남부의 오아시스 주변에서 재배되는 대추야자

오아시스 대추야자 농장

사하라 사막의 관문이라고 불리는 남서부 지역은 모래사막, 바위산, 협곡 등이 펼쳐진다. 척박하고 건조한 환경이지만 사막 한가운데에서도 폭포가 흐르고 샘이 솟아나며 우기에는 사막의 강, 즉 와디*Wadi* •가 나타나기도 한다. 특히 두즈, 케빌리, 토주르 및 가베스 지역 주변에는 야자나무가 가득한 오아시스 숲이 펼쳐진다. 이 오아시스에서는 한 해에 30만 톤이 넘는 대추야자 열매가 생산된다.

대추야자 중에서 당도와 품질이 매우 뛰어난 디글렛 누르 *Deglet Nour* 품종은 튀니지가 전 세계 생산량의 50퍼센트를 생산한다. '대추야자의 여왕'이라고 불리는 디글렛 누르는 반투명한 호박색과 부드러운 질감, 섬세하고 은은한 꿀맛이 일품이다. '남부 튀니지의 여왕'이라고도 불리고, 손가락처럼 길쭉하고 반투명하면서도 우아한 빛을 띠기 때문에 '빛의 과일', '빛의 손가락'이라고도 불린다.

• 아랍어로 '골짜기' 또는 '협곡'을 의미한다. 중동과 북아프리카의 하천 바닥이니 계곡으로, 우기에는 물이 흐리지만 건기에는 대개 건조하다. 일부 와디는 오아시스를 형성한다.

'생명의 열매' 사막의 여행자들을 먹여 살리다

대추야자는 당 함량이 높아 중요 에너지원으로 활용되고, 비타민과 미네랄까지 풍부해 필수 영양소를 공급받을 수 있다. 또한 건조된 대추야자는 2~3년간 보관할 수 있다. 그래서 대추야자는 실크로드를 건너는 대상들의 필수 식량이었다. 낙타를 타고 고대 중국과 서역을 잇는 수천 킬로미터의 무역로를 오가는 상인들은 대추야자 다섯 개로 한 끼 식사를 해결했다고 한다.

올리브오일
국제 대회 챔피언

올리브오일의 떠오르는 별

올리브오일의 종주국이라고 하면 흔히 이탈리아나 스페인 같은 지중해 유럽 국가들을 떠올리지만 튀니지 또한 수천 년에 걸쳐 올리브나무와 문화가 깊이 얽혀있다.

과거 튀니지 올리브오일은 다소 과소 평가되어 온 것이 사실이다. 그러나 최근 세계 올리브오일 대회에서 금메달을 수상하는 쾌거를 이루면서 튀니지 올리브오일은 국제적으로 주목받기 시작했다. 튀니지 올리브오일은 버터 같은 맛, 섬세하고 가벼운 질감, 뛰어난 영양 성분으로 소비자에게 호평받고 있다.

● 끝없이 펼쳐진 올리브 재배지

튀니지의 올리브 재배 면적은 스페인에 이어 세계에서 두 번째로 넓고 올리브 생산량은 세계 4위에 이른다. 여름은 덥고 건조한 반면 겨울은 온화하고 습한 지중해성 기후라서 올리브 나무가 자라는 데 천혜의 자연환경이라 할 수 있다.

튀니지에서는 올리브를 신의 선물이라고 여길 정도로 사람들의 생활 속에 깊이 스며들어 있다. 올리브오일은 음식 외에도 활용도가 매우 다양하다. 오일을 만들고 남은 찌꺼기는 가축의 사료로 사용하거나 비누를 만들고, 올리브 잎 추출물은 약으로 활용하며, 수명을 다한 나무는 각종 도구로 만든다. 어

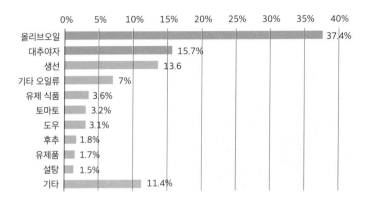

2021 튀니지 수출 식품 분포

식품	비율
올리브오일	37.4%
대추야자	15.7%
생선	13.6
기타 오일류	7%
유제 식품	3.6%
토마토	3.2%
도우	3.1%
후추	1.8%
유제품	1.7%
설탕	1.5%
기타	11.4%

● 2021년 튀니지 수출 1위 식품은 올리브오일이다.

떤 부분도 버릴 것이 없는 쓰임이 많은 나무이다.

한국의 참기름만큼 튀니지에서는 올리브오일이 널리 사용된다. 올리브오일은 튀니지 사람들의 매 끼니 식탁에 빠지지 않고 등장하는데, 매년 1인당 3~4킬로그램 정도를 소비하는 것으로 알려져 있다.● 우리나라에서는 작은 병에 담긴 올리브오일을 사용하지만 튀니지 사람들은 1.5리터 페트병이나 20리터 생수통에 담아 사용하는 경우가 많다.

● International Olive Council(2018)

● 갓 수확한 초록색 햇올리브를 전통 방식으로 짜낸 올리브오일

품질이 좋은 올리브오일을 발굴하고 소비자들에게 소개하기 위해 해마다 올리브오일 대회가 열린다. 전 세계 올리브오일 대회 중 가장 공신력 있는 대회인 뉴욕 국제 올리브오일 대회 *NYIOOC*, 런던 국제 올리브오일 대회*LIOOC*, 마리오 소리나스 품질 대회*Mario Solinas Quality Award* 등에서 튀니지의 올리브오일은 이미 우수한 품질을 인정받아 세계 최고의 올리브오일로 여러 번 선정된 바 있다.

튀니지의 올리브오일 생산자들은 2022년 뉴욕 올리브오일 대회에서만 32개의 상을 받았다. 그러나 생산되는 양과 품질에 비해 튀니지 올리브오일에 대한 소비자 인식은 낮은 편이다. 이는 신고 의무를 어기는 수입업자들이 대량으로 수입한 튀니지 올리브오일을 다른 나라의 올리브오일과 혼합하는 과정에서 생산지를 바꾸는 관행 때문으로 보인다.

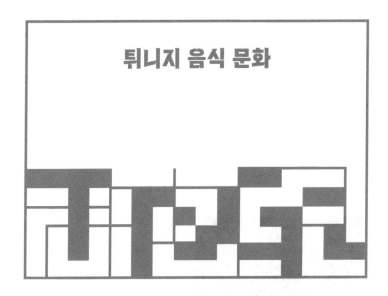

튀니지 음식 문화

베르베르, 아랍, 유럽, 중동 등 여러 문화의 영향을 받은 튀니지의 음식 문화는 다채롭기 그지없다. 지중해 연안의 비옥한 땅과 온화한 기후 덕분에 튀니지에는 신선한 식재료가 풍부할 뿐만 아니라 중세 아랍인들이 계피, 생강, 정향나무, 사프란 등과 같은 향신료를 들여와 특색있는 음식을 탄생시켰다. 커민, 고수와 같은 향신료는 튀니지 요리의 필수 재료로 음식의 풍미와 깊은 맛을 더한다. 프랑스의 지배로 바게트는 튀니지 사람들의 주식이 되었고, 이외에 주식으로 먹는 빵은 대개 효모 없이 구운 후 올리브오일에 적셔 부드럽게 먹는다.

이슬람교에서는 돼지고기를 금기시하므로 육류 요리는 주로 양고기, 쇠고기, 닭고기를 사용한다. 종교적인 차이에 따라

비늘 없는 생선이나 갑각류를 피하는 경우도 있지만 지중해와 대서양을 동시에 접한 지리적 환경 덕분에 튀니지는 오징어, 문어, 새우, 굴 등의 해산물 요리가 발달했다.

튀니지 국민 조미료, 하리사

● 하리사

'튀니지의 국민 조미료'라고 불리는 하리사는 스튜, 쿠스쿠스, 샐러드 등 활용도가 많은 기본 양념이자 튀니지 요리의 필수 재료이다. 고추장과 비슷하지만 단맛은 덜하며 튀니지의 어느 식당에 가든지 식전 빵과 함께 기본적으로 나온다.

하리사라는 명칭은 고추를 절구에 넣고 빻아 만든 것에서 유래했다. 아랍어 'Harisa'는 '빻다, 가루를 내다'라는 의미이다. 과거에는 각 가정에서 1년 치의 하리사를 미리 만들어 친지나 가족들과 나누어 먹었지만 오늘날에는 마트나 식료품점에서 제품화된 하리사를 구입해 먹는 편이다.

2022년 12월 하리사는 유네스코 세계 무형 문화재에 등재되었다. 고추를 햇빛에 말린 후 고추씨를 제거하고 가루를 낸

● 다양한 형태로 판매되고 있는 하리사

다음 소금, 마늘, 향신료, 올리브오일로 맛을 내는 조리법에서 고추를 재배하고 저장하는 방법 모두가 튀니지 고유의 무형 유산의 일부이다.

슬라타 메슈위야

슬라타 메슈위야*Slata Mechouwya*는 튀니지의 전통 샐러드로 슬라타는 '샐러드', 메슈위야는 '불에 굽다'라는 뜻이다. 고추, 피망, 양파를 불에 구운 후 잘게 썰거나 으깨고, 하리사와 올리브오일을 넣어 버무린다. 마지막으로 참치와 삶은 달걀을 고명으로 올려 완성한다. 보통은 빵이나 생선, 고기를 곁들여 먹는데 슬라타 메슈위야만 먹어도 충분한 포만감을 느낄 수 있다.

불맛이 입혀진 야채와 하리사의 적당히 매콤한 맛은 식욕

● 슬라타 메슈위야

● 브릭

을 돋우기에 충분하다. 겉으로 보기에는 푸른 빛이 도는 토마
토 죽과 비슷하고 섬유질과 비타민, 항산화 물질이 풍부해 건
강에도 좋다.

브릭

브릭*Brik*은 북아프리카 토착민 베르베르인의 전통까지 거슬
러 올라가는 뿌리 깊은 음식이다. 말수카*Malsouka*라고 불리는
얇은 밀가루 반죽 안에 참치, 새우, 달걀, 치즈, 감자로 만든 속
재료를 넣고 달걀이 반숙이 될 정도로 살짝 튀겨낸다. 먹다
보면 겉의 피는 바삭하면서 바스러지는 소리가 나고 안의 재
료는 촉촉하고 부드럽다. 군만두나 스프링롤과 비슷하지만 크
기는 더 크고 겉의 피는 더 얇고 바삭하다. 레몬즙을 살짝 뿌

리면 튀김의 느끼함을 잡아주어 깔끔하고 상큼한 브릭을 즐길 수 있다.

브릭은 특히 라마단 기간에 전채 음식으로 많이 먹는다. 조리법이 간단하고 대량으로 만들기가 용이해 결혼식이나 잔칫상에도 자주 올라온다.

튀니지 국민 음식, 쿠스쿠스

쿠스쿠스Couscous는 식재료 이름이자 이를 활용한 요리의 이름으로, 듀럼밀을 빻아 만든 노르스름한 세몰리나에 소금물을 넣어 둥글려 만든 좁쌀 모양의 파스타를 말한다. 북아프리카 마그레

● 쿠스쿠스

브 국가(튀니지, 모로코, 알제리, 리비아 등)에서는 쿠스쿠스를 주식으로 먹으며 이스라엘, 레바논 등 중동 지역 및 유럽에서도 인기가 많다.

기본적인 레시피는 세몰리나를 야채, 고기, 생선 등과 함께 찌고 그 위에 하리사 스튜를 부어 먹는 것인데, 지역 전통에 따라 레시피가 다양하고 제철 야채를 활용해 계절마다 색다르

● 꾸스꾸씨에

게 즐길 수 있으며, 샐러드나 디저트로 도 활용할 수 있다. 쿠스쿠스는 시간과 정성이 드는 요리로 가족이 모이거나 손님을 초대할 때 주로 내놓는다. 쿠스쿠스를 찔 때는 꾸스꾸씨에*Couscoussier*라는 전용 찜기를 이용한다.

타부나

● 타부나를 굽는 화덕

타부나*Tobuna*는 빵을 굽는 '진흙 화덕'을 의미하는 아랍어 'Tabun'에서 파생된 이름이다. 튀니지 사람들에게 인기 있는 전통 빵으로 다양한 주요리와 함께 먹는다.

전통 화덕에서 구우면 최대 담백하고 깊은 맛이 나지만 5시간 정도 걸린다. 올리브오일에 찍어 먹어도 맛있고 하리사와 함께 먹으면 더욱 감칠맛이 난다.

해산물 제르비안 라이스, 루즈 제르비

튀니지 남부 제르바섬에
서 유래한 제르비안 라이스
는 오징어, 새우, 홍합 등 다
양한 해산물, 각종 향신료와
허브를 섞어 풍미를 더한 쌀
요리로 해산물의 육즙이 밥
에 스며들 때까지 함께 끓여

● 제르비안 라이스

만든다. 최근 튀니지에서 큰 인기를 끌고 있다.

제르바섬은 베르베르, 유대, 아랍, 아프리카의 영향을 받았
으므로 제르비안 라이스는 다문화주의 결과로 만들어진 음식
이라고 볼 수 있다.

마크루드

마크루드Makroudh는 이슬람 성지인 카이루안 지역에서 유래
한 디저트로 다이아몬드 모양에서 이름을 따왔다. 우리나라의
약과와 비슷한 맛과 식감이다. 주로 라마단 기간에 먹거나 결
혼식 혹은 행사 때 손님 접대용으로 내놓는다.

세몰리나와 밀가루를 섞어 반죽을 만들고 반죽 속에 으깬

● 다양한 튀니지의 전통 디저트. 맨 아래에 보이는 것이 마크루드이다.　● 튀니지의 전통 디저트 그라이바

대추 페이스트, 아몬드, 깨 등을 넣어 튀기거나 구워낸 후 마지막에 꿀이나 설탕 시럽을 뿌려 완성한다.

그라이바

그라이바*Ghrayba*는 튀니지뿐 아니라 북아프리카와 중동 지역에서 즐겨 먹는 디저트이다. 병아리콩 가루로 만들며 포슬포슬한 식감의 인절미 쿠키 같다. 튀니지 디저트 중에서는 상대적으로 단맛이 강하지 않고 고소한 맛을 느낄 수 있다.

3,000년의 역사와 함께한
튀니지 와인

튀니지는 일반적인 이슬람 국가들의 관습과는 달리 와인 산업이 발달되어 있다. 튀니지 정부는 와인 생산이 국가 경제, 관광 및 국제적 명성에 기여할 수 있을 것이라는 잠재력을 일찍부터 인식하고 와인 산업을 지원해 왔다. 튀니지의 지중해성 기후는 포도 재배를 위한 천혜의 조건을 지녔다. 여름에는 덥고 강수량이 적으며 일조량이 풍부하고, 겨울에는 온화하고 비가 자주 내려서 포도 생산에 유리하다.

튀니지 와인의 역사는 고대 시대로 거슬러 올라간다. 3,000년의 긴 와인 역사를 자세히 들여다 보면 매우 독특하고 흥미로운 점을 발견할 수 있다. 기원전 1,100년경 레반트(오늘날의 레바논) 지역에서 시작된 고대 문명인 페니키아는 지중해 전역에 정착지와 무역로를 건설하기 시작했다. 당시 페니키아인들은 이 땅에 카르타고를 세우고 포도나무와 포도주 양조 기술을 가져와 와인을 생산한 것으로 추정된다. 기원전 146년 포에니 전쟁 이후 카르타고는 로마 제국의 지배하에 들어갔고, 페니키아인들에 이어 로마인들 역시 와인 양조 지식과 기술을 튀니지에 전파했다. 5세기 서로마 제국이 몰락하고 그 뒤를 이은 비잔틴 제국 시대에도 와인 생산은 계속되었지만, 7세기 아랍인이 튀니지를 정

● 튀니지에서 생산되는 고품질 와인 브랜드, 네페리

복하면서 이슬람화가 시작되자 종교상의 이유로 알코올이 금지되었고 와인 소비도 자연스럽게 급감했다. 19세기 프랑스 보호령 기간 동안에는 대규모 와이너리 경영이 도입되어 와인 산업이 현대화되었고, 와인 품질이 개선되어 생산량 또한 크게 증가했다.

독립 후 튀니지 와인 산업은 국내외 시장을 겨냥해 계속 성장하고 있으며, 글로벌 시장에서의 인지도도 높아지고 있다. 아직은 주요 와인 생산국에 비해 규모는 작지만 국제 와인 대회에서 수상하는 등 품질과 인지도 측면에서 긍정적인 평가를 받고 있다.

튀니지 관광 산업은 튀니지 와인 시장을 이끄는 중요한 역할을 한다. 관광객들은 문화적 경험의 일환으로 현지 와인을 찾는 경우가 많다. 이는 국내 와인 수요 증가로 이어진다. 와인 페스티벌, 와이너리 투어, 와인 박물관 등의 와인 관련 콘텐츠도 관광객 유치에 일조하고 있다.

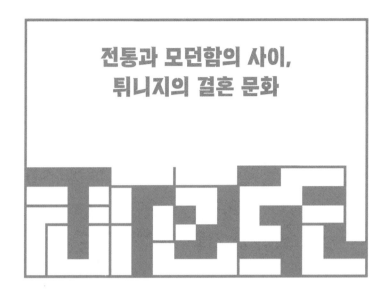

전통과 모던함의 사이,
튀니지의 결혼 문화

튀니지의 결혼식은 전통과 현대적 요소가 조화를 이룬다. 최근에는 결혼식 절차와 형식이 간소화되고 모던한 스타일이 가미었지만 한국에 비하면 튀니지의 전통이 많이 남아있다. 일반적으로 튀니지의 결혼식은 성대하다. 때문에 결혼식을 위해 대출을 받는 경우도 종종 있다.

결혼식은 지역과 가족의 선호도에 따라 다양한 형식으로 보통은 3~5일, 길게는 1주일에 걸쳐 치러진다. 첫째 날은 가족 구성원 중 여성들이 모여서 신부 혼례복을 준비하고 새집을 장식한다. 사분*Saboun*이라고 불리는 이 전통은 요즘은 생략하는 추세이다. 둘째 날이 되면 신부는 흰색 사프세리*Safseri*라는 전통 스카프로 머리와 몸을 감싸고 다르부카*Darbouka* 음악에 맞추어 가족과 지인들에 둘러싸여 함맘(튀르키예식 건식 목욕탕)으로 향한다. 함맘은 몸과 마음을 정화하는 결혼 의식으로 중동과 북아프리카 지역에서 공통으로 볼 수 있다.

둘째 날과 셋째 날은 신부와 신랑이 차례로 손과 발을 헤나로 장식한다. 색이 지워지지 않도록 2~3일 동안 물을 들이는데, 헤나가 진할수록 결혼 생활에 행운과 행복이 가득할 것이라고 믿는다. 헤나는 문화와 지역을 초월한 결혼식의 필수 전통으로 인도, 중동, 북아프리카 지역에 이르기까지 수백 년 동안 이어져 왔다. 원래는 손과 발을 다 덮을 정도의 크고 복잡한 디자인으로 장식하지만 요즘 젊은이들은 작고 심플한 문양을 선호한다.

넷째 날부터는 본격적인 축하 파티가 시작된다. 신부와 여성들만 참석하는 우이타*Ouita* 파티에서 신부는 화려하고 아름다운 튀니지 전통 드레스 푸타와 블루자*Fouta et Blouza*를 입는다. 음악 밴드를 초청해 메즈웨드*Mezwed*나 말루프*Malouf*와 같은 전통 음악을 연주하기도 하고, 디제이가 트렌디한 최신 음악을 틀어주기도 한다.

다섯째 날은 결혼식의 하이라이트 도클라*Dokla*가 열린다. 가족, 친구, 이웃을 초대하는 합동 디데이 파티로 신랑 신부 모두에게 중요한 날이다. 볼륨 조절이 무의미할 정도로 흥겨운 음악에 맞추어 춤을 추다 보면 결혼식 밤이 무르익는다.

결혼식의 마지막 단계는 결혼 계약서에 서명하는 것이다.

● 헤나는 튀니지의 전통 결혼식에서 축복, 행운, 다산을 상징하는 중요한 요소이다.

● 전통 결혼 혼례복을 입고 웨딩 촬영 하는 신랑 신부

● 결혼 계약서에 서명하고 있는 신부

이때 반드시 신랑 신부 측의 공증인이 함께 참석해야 한다.

최근 튀니지 젊은 세대는 결혼식 기간을 줄이거나 간소화한 결혼식을 선호하는 편이다. 결혼에 대한 가치관이 변하기도 했지만 무엇보다 결혼 비용이 해마다 증가하기 때문이다. 또 하나 흥미로운 사실은 결혼 계약서에 서명할 때 혼인 담당 공무원이 신혼부부의 집이나 예식장으로 방문해 서명을 받기도 한다는 점이다.

시대가 변함에 따라 결혼을 대하는 세대별 가치관이나 생각이 변했다. 그렇지만 혼례는 한 사람의 인생에서 가장 중요한 이벤트이자 성스러운 의례임이 분명하다. 최근 몇 년 동안 튀니지 결혼식 절차는 단순화되고 현대화되는 추세이지만, 이러한 변화에도 결혼하는 남녀는 여전히 푸타와 블루자를 입고 아름다운 혼례복에 자부심을 느끼며 손과 발에는 전통 헤나 장식으로 의미 있는 날을 기억에 남도록 새긴다. 결혼식의 본질을 전통의 뿌리에 두고 전통과 현대 사이에서 균형을 찾으려는 튀니지의 젊은이들에게서 문화 정체성의 의미를 되짚어보게 된다.

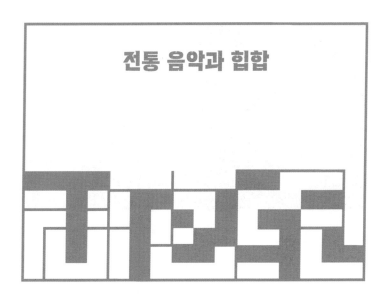

전통 음악과 힙합

힙합, 침묵을 깨다

　동서고금을 막론하고 개혁의 중심에는 청년들이 있었다. 특히 2011년 '아랍의 봄'은 청년이 주도한 변화라고 해도 과언이 아니다. 젊은이들은 시위가 아닌 유튜브, 페이스북 등 온라인을 통해 사회 문제를 비판하는 랩을 확산시켰다.

　'아랍의 봄'이 발발하기 전에는 사랑, 가족, 우정을 다루는 랩이 주류를 이루며 공연과 앨범 발매가 이루어졌다. 독재 시절이었던 터라 사회적 문제를 다루는 언더그라운드 랩은 정부의 감시와 검열에 직면했고 아티스트들이 체포되는 일도 종종 발생했다.

● 튀니지 랩 아티스트 겸 작곡가 발티　　● 튀니지 랩 아티스트 알라

'아랍의 봄'이 도래하자 젊은 음악가들은 빈곤, 실업, 부패 등 사회 메시지를 담은 힙합 음악을 만들었다. 경제난과 높은 실업률 속에 가장 큰 피해를 보는 당사자이면서 동시에 불평 등, 빈부 격차 등 소외 계층의 문제들을 해결해야 하는 주체자 이기도 했기에 이들은 음악으로 사회 불의에 맞서며 사회 변혁을 시도했다.

소셜 미디어는 힙합의 확산에 중추적인 역할을 했다. 비록 음악 산업 인프라는 부족했지만 소셜 미디어를 통해 자신들의 음악을 공유할 수 있었고, 소외 계층의 목소리를 대신하는 가사와 독특한 사운드가 결합해 사회 문제를 직시하는 문화적 힘으로 부상했다. 유명한 튀니지 힙합 아티스트로는 발티*Balti*, 엘제네랄*El Général*, 알라*A.L.A*, 클레이 비비제이*Klay BBJ* 등이 있다.

튀니지 음악의 역동성, 메즈웨드

　염소 가죽으로 만든 백파이프와 다르부카라고 불리는 전통 드럼의 리듬에 맞추어 노래를 부르는 메즈웨드는 북아프리카 리듬에 기반한 전통 음악으로 전 연령층에게 사랑받는 음악이다. 결혼식이나 격식 있는 행사에서 들을 수 있다.

메즈웨드
음악 듣기

　메즈웨드 음악가들은 이민, 실직, 빈곤, 정치 등 민감한 사회적 이슈들을 미묘한 은유를 통해 노래하며 서민들의 애환을 달래왔다. 비속어와 같이 사회적 규범을 깨는 대담한 단어들이 사용되기도 한다.

　메즈웨드는 구시대의 음악으로 치부되어 젊은이들에게 외면받았지만 최근 들어 자신들의 음악에 접목시키는 새로운 시도들이 이어지고 있다. 베이스 기타, 신시사이저 및 전자 타악기와 전통 악기가 협연하기도 하고, 서로 다른 장르 음악에 피처링하기도 한다. 튀니지의 정서가 담긴 전통 악기의 선율과 비트감 있는 랩이 오묘하게 어울린다.

튀니지의 고전 음악, 말루프

　말루프는 안달루시아 지역의 영향을 받은 튀니지의 전통 클래식 음악으로 복잡한 멜로디와 아랍 고전 시를 가사로 사용

말루프
음악 듣기

한다. 15세기 말 스페인의 안달루시아 재정복 이후 아랍인들이 이베리아반도에서 북아프리카로 대거 이주하면서 이 음악은 전수되고 발전했다. 아랍 전통 악기인 우드*Oud*, 네이*Nay*(플루트의 일종), 다르부카 등으로 구성된 소규모 오케스트라는 사랑, 그리움, 신앙을 주제로 한 곡들을 주로 연주한다.

20세기 초 북아프리카 국가들은 유럽의 식민 지배에서 벗어나면서 말루프 음악을 국민 통합과 문화 정체성을 확립하는 핵심 요소로 보았다. 말루프는 정부의 부단한 노력으로 명맥을 유지해 왔으며 지금은 결혼식, 종교 축제, 문화 행사에서 들을 수 있다.

● 튀니지 전통 음악 말루프 연주 장면

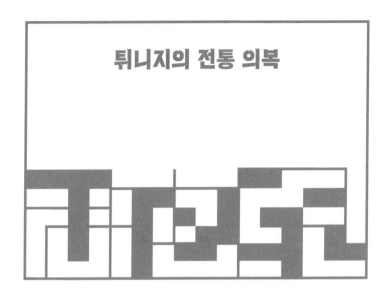

튀니지의 전통 의복

지역의 기후와 생활 환경, 종교나 역사 등의 요인은 의복의 형태와 스타일에 영향을 준다. 튀니지의 경우 뜨거운 햇빛과 사막의 모래바람을 피하기 위해 온몸을 덮는 옷들이 발달했으며, 이슬람교의 가치관이 반영된 의상이 특징적이다. 또한 카르타고, 로마, 아랍, 안달루시아, 오스만 등 긴 역사와 여러 문명을 지나오면서 문화의 다채로움이 의복에도 계승되어 다양한 전통 의상이 발달했다.

일상 속의 전통 의복

오늘날 튀니지 사람들이 평소 입는 옷은 우리와 크게 다르지 않다. 이슬람교라는 종교적인 영향으로 다소 보수적일 수는 있겠지만 지리적으로 가까운 유럽 패션 트렌드의 영향을 받아 다른 이슬람 국가들보다는 자유로운 편이다. 프랑스로부터 독립한 이후 하비브 부르기바 초대 대통령의 근대화 정책도 한몫했다. 그는 전통 의상이 국가 발전에 걸림돌이 된다는 이유로 튀니지 여성들에게 서구식 의상을 입도록 독려했다.

그러나 근대화의 물결 속에서도 전통 의상은 그 가치를 잃지 않고 국가 정체성과 문화적 자부심을 강화하는 역할을 해왔다. 일상생활에서 전통 의상을 입은 튀니지 사람들을 보는 것은 어려운 일이 아니거니와 낯설거나 이질적이지 않게 그들의 삶에 자연스럽게 녹아들어 있다. 튀니지 사람들은 결혼식, 종교 행사 및 국경일에도 전통 의상을 입는다. '전통 의상의 날'을 국경일로 지정해 축제를 즐기는 모습에서는 국가 정체성을 보존하려는 결연한 의지를 엿볼 수 있다.

현대적인 감각의 전통 의상

튀니지 여성들은 전통 드레스에 현대적인 요소를 가미해 세련된 의복으로 재탄생시켰다. 옷장 깊숙이 보관하다가 몇 번 입지도 못한 채 사장되고 마는 '옛날 옷'이 아니라 현대의 트렌드를 결합해 일상 속에서 멋스럽게 즐긴다.

푸타와 블루자

튀니지의 대표적인 여성 전통 의상은 푸타와 블루자이다. 푸타 *Fouta*는 허리에서 발목까지 내려오는 랩 스커트로 면이나 실크로 만들어져 부드러운 실루엣이 돋보인다. 블루자 *Blouza* 는 푸타와 같은 원단으로 만든 소매와 어깨끈이 없는 상의이다. 중동과 남아시아의 영향을 받아 정교하고 묵직한 자수, 화려한 보석, 스팽글, 귀금속 장

● 신부의 결혼식 의상. 푸타와 블루자

식이 특징이다. 금색, 은색의 실을 사용해 화려할 뿐만 아니라 목이나 소매 부분에 수놓은 스티치나 패턴에 상징적인 의미를 담기도 한다.

사프세리

사프세리는 얼굴을 제외하고 머리부터 발끝까지 몸 전체

● 사프세리를 입은 튀니지 여성

를 덮는 긴 스카프이다. 흰색 또는 노란색 비단이나 양모로 만들며 남쪽 지역으로 갈수록 색상이 화려해지는 경향이 있다.

주로 체형을 숨기고 남성의 호기심 어린 시선으로부터 보호하기 위해 여성이 착용한 것으로 알려졌다. 나이 든 여성이나 교외 지역에 사는 여성들은 오늘날에도 착용하지만 젊은 세대는 거의 착용하지 않는다. 다만 결혼식 주간에 신부가 함맘과 집을 오갈 때 사프세리로 얼굴과 몸을 감싸는 전통은 여전히 유지되고 있다.

셰쉬아

● 셰쉬아

튀니지를 상징하는 국민 모자인 셰쉬아*Chéchia*는 유럽의 베레모와 유사하게 생겼지만 빨간색 모직으로 만들어졌다는 점에서 차이가 있다. 결혼식을 포함한 특별한 행사나 종교적인 휴일에 셰쉬아를 쓴다. 과거에는 남녀 모두 착용했지만, 오늘날에는 남자들이 주로 착용해 튀니지 남성의 전형적인 트레이드 마크가 되었다.

셰쉬아는 15세기 이후에 안달루시아 지역에서 들어온 것으로 추정되며 무슬림 남성들은 16세기까지 터번을 사용하다가 점차 셰쉬아로 대체해 사용했다. 오늘날 셰쉬아 산업은 쇠퇴했다. 하지만 알제리, 모로코, 수단 등 아프리카에서 소비되는 대부분의 셰쉬아가 튀니지에서 생산되고 있으며 중동과 아시아로 수출될 만큼 품질이 우수하다.

젭바

젭바*Jebba*는 튀니지 남성들이 입는 전통 의상 중 하나로, 축제나 중요한 행사 때 많이 입는 예복이다. 젭바 안에는 흰색 셔츠를, 바깥에는 조끼의 일종인 파름라*Farmla*를 입고 하의는 사루엘*Sarouel*이라고 부르는 헐렁한 바지를 매치한다. 뾰족한 가죽 신발인 발가*Balgha*를 신고 머리는 빨간색 셰쉬아를 착용하면 비로소 클래식한 남성 옷차림이 완성된다. 여성 의상만큼 화려하지는 않지만 목선과 가슴, 솔기, 소매 등에 자수로 수를

● 젭바

놓아 세련된 포인트를 준다.

부르누스

● 부르누스

튀니지에서 촬영한 영화 〈스타워즈〉에 등장하면서 더욱 유명해진 부르누스*Burnous*는 알제리, 모로코, 리비아 등 북아프리카 국가에서 널리 입는 전통 의상이다. 소매 없이 긴 망토처럼 생겼으며 머리에는 뾰족한 후드가 있다. 튀니지 혁명으로 장기 독재 정권이 무너지고 새로운 대통령으로 당선된 몬세프 마르주키*Mohamed Moncef Marzouki* 대통령은 재임 기간 동안 공식 석상에서 밝은색의 부르누스를 착용하며 국가적 자부심과 튀니지의 풍부한 역사와 전통을 강조하고자 했다.

함께 생각하고 토론하기

튀니지 헌법에 의하면 "국가는 문화 정체성과 국가 유산을 보존하기 위해 노력해야 한다"라고 명시하고 있습니다. 우리나라 헌법에서도 "국가는 전통 문화의 계승·발전과 민족 문화 창달에 노력해야 한다"라고 언급하며 여러 문화 정책을 시행해 오고 있습니다.

우리 모두는 인류의 문화유산을 보존하고 계승할 의무가 있습니다. 하지만 전통 문화를 원형 그대로 보존하거나 계승하는 과정에서 세계화, 기술 발전에 따른 현대화, 재정적 자원의 부족과 같은 현실적인 문제에 맞닥뜨리게 됩니다.

● 튀니지와 우리나라의 전통 문화 가운데 현대의 방식과 융화되어 창조적으로 계승된 전통 문화는 무엇이 있을지 이야기해 봅시다.

튀니지 사람들의 평상시 의복은 우리와 크게 다르지 않으며 전통 의
상을 입은 사람들을 보는 것은 그리 어려운 일이 아닙니다.
오늘날에 결혼식에서도 튀니지의 젊은이들은 전통 의상 입는 것을 선
호하며 지역에 따라 특색있고 다양한 의상을 입습니다. 전통 의상을
입음으로써 문화유산에 대한 존경심을 나타내고 전통에 대한 경의를
표하는 것입니다.

● 한국에서는 사라져가는 전통이지만 튀니지에서는 계승되어 오
늘날에도 잘 지켜지고 있는 전통 문화는 무엇이 있을까요?

●● 사회가 역동적으로 변화함에 따라 전통 문화에 대한 태도와
가치관도 달라질 수 있습니다. 다른 형태의 문화로 변형되기도 하
고 간소화되기도 합니다. 전통 문화의 정체성을 유지하면서도 현대
의 새로운 문화와 조화를 이루며 전통 문화를 재창조하거나 계승
하는 방법에 대해 이야기를 나누어봅시다.

5부

여기를 가면
튀니지가 보인다

비 온 뒤의 태양은 얼마나 사랑스러운가,

슬픔 뒤의 웃음은 얼마나 아름다운가

아프리카의 최북단,
안젤라곶

흔히 아프리카 대륙의 최남단을 희망봉이라고 알고 있지만 실제로는 희망봉에서 동남쪽으로 더 내려간 아굴라스곶 *Cape Agulhas* 이 아프리카 대륙의 최남단이다. 이곳은 인도양과 대서양이 만나는 상징적 의미가 있다. 수많은 여행자가 아프리카 땅끝 이정표를 보기 위해 아굴라스

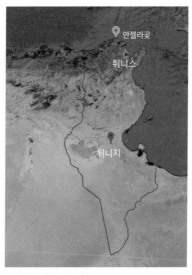

● 안젤라곶의 위치

● 안젤라곶에 세워진 아프리카 최북단 기념비

곶을 방문한다.

이제 아프리카 최북단으로 눈을 돌려보자. 아프리카 최북단을 찾는 여정은 튀니지 북부의 항구 도시 비제르트에서 시작한다. 비제르트에 도착해 택시를 타고 북쪽으로 15킬로미터를 가면 15분이 채 걸리지도 않은 곳에 안젤라곶*Cape Angela*이 나타난다.

2014년부터 아프리카의 최북단으로 지정된 이곳에는 대륙의 형상을 닮은 기념비가 서 있다. 바다를 향해 튀어나온 곳은 고대 뱃사람들에게 안전하게 배를 안내하는 이정표 역할을 했을 것이다. 안젤라곶 위에서 수평선을 바라보며 문명의 흥망성쇠를 상상해 본다.

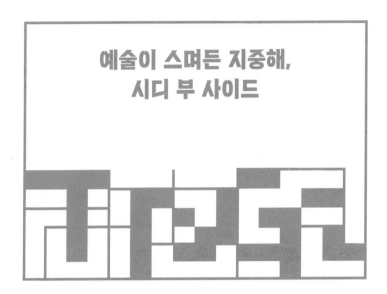

예술이 스며든 지중해,
시디 부 사이드

파란색과 흰색의 심포니

시디 부 사이드Sidi Bou Said는 지중해가 한눈에 내려다보이는
절벽에 자리 잡은 아름다운 마을이다. 고대 도시였던 카르타
고 유산의 중요한 부분으로 유네스코 세계 문화유산에 등재되
어 보호받고 있다.

18세기경 이곳에 거상과 부호들이 모여 살기 시작했다. 그
러다 한 프랑스 화가가 파란색과 흰색으로 도시를 새로 단장하
면서 신비로운 시디 부 사이드 블루의 마을이 되었다.

청정한 파란색 창문과 극명하게 대비를 이루는 흰색 외벽은
시디 부 사이드의 정체성이다. 생동감 넘치는 붉은색 부겐빌

● 흰색 외벽과 파란색 창문이 특징인 시디 부 사이드 전경

● 흰색 벽과 파란색 창문의 아름다운 조화

레아가 벽을 타고 흘러내리며 그림 같은 배경을 연출한다. 흰색 집들 사이로 좁은 골목길이 이어지고 대문은 바다를 닮은 파란색으로 칠해 놓았다. 시디 부 사이드의 바다는 수심에 따라 변하는 푸른 빛깔의 향연이 펼쳐지고 가는 곳마다 색채를 끼얹는 듯한 강렬함을 발산한다. 1920년 초반 이 도시는 흰색과 파란색의 마을이라는 정체성을 갖게 되었다.

튀니지에서는 성스러운 사람을 지칭할 때 '시디*Sidi*'라는 단어를 앞에 붙인다. 시디 부 사이드의 이름은 12세기 대학자이자 이슬람 지도자였던 '아부 사이드 알 베지*Abou Said al-Baji*'의 이름에서 유래되었다.

아부 사이드 알 베지는 이곳에서 여생을 보냈다. 그의 무덤은 독실한 무슬림들의 순례지가 되었고 시간이 흐르면서 그 주변에 마을이 형성되었다. 훗날 성인으로 추대되어 시디 부 사이드 언덕은 성지가 되었다.

엔네즈마 엣자흐라 궁전

프랑스 화가이자 음악학자였던 바롱 로돌프 데르랑제*Baron Rodolphe d'Erlanger*는 시디 부 사이드에 있는 여러 집을 매입해 튀니지 전통 문양과 안달루시아 건축 요소를 결합한 독특한 스타일로 개조했다. 왕실로 사용되지는 않았지만 웅장한 규모와 우아하고 세련된 장식으로 꾸며진 이곳을 사람들은 궁전이라고 부른다.

현재 엔네즈마 엣자흐라 궁전*Ennejma Ezzahra Palace*은 악기 박물관으로 활용되고 있으며 아랍 및 지중해 음악센터가 들어서 있다. 이 음악센터는 지중해 지역의 아랍 음악을 보존하고 증진하기 위해 설립되었다. 다양한 음악 공연이 개최되는 아랍 및 지중해 음악센터는 국제적인 음악 교류의 장 역할을 하고 있다.

예술가들의 카페, 카페 데 나뜨

카페 데 나뜨*Café des Nattes*는 시디 부 사이드의 꼭대기에 위치한 모스크 미너렛 아래에 자리 잡고 있다. 흰색의 계단이 보이는 아우구스트 마케의 그림 속 배경이 된 곳이다. '나뜨*Natte*'는 프랑스어로 '돗자리'나 '짚을 땋는다'라는 뜻으로 카페 이름에서 유추해 볼 수 있듯이 내부에는 돗자리가 깔려있다.

실내는 어둡지만 발코니에서는 지중해가 한눈에 들어온다. 튀니지안 블루는 카페 내부로 스며들어 커피마저 푸른 향기로 가득 채운다. 커피가 아니어도 좋다. 떼 오 피뇽*Thé aux pignons*이라고 불리는 잣이 한가득 들어가는 전통 민트차를 마셔보자. 단맛과 잣의 고소함이 묘하게 어울린다.

● 엔네즈마 엣자흐라 궁전의 외관　　● 엔네즈마 엣자흐라 궁전의 내부

● 시디 부 사이드의 언덕길을 오르면 수많　● 카페 데 나뜨의 내부
은 예술가의 아지트였던 카페 데 나뜨가 한
눈에 들어온다.

공존과 다양성,
예술의 섬 제르바

제르바는 아랍인, 유대인, 베르베르인 등 다민족이 공존하는 튀니지에서 가장 큰 섬이다. 독특한 말발굽 모양의 가베스만에 위치해 있으며, 해협이 낮고 넓어 다양한 어족이 서식한다. 덕분에 해산물을 이용한 전통 요리가 발달했다.

제르바는 튀니지 사람들에게 최고의 신혼여행지이자 유럽 사람들에게 주목받는 휴양지로 알려져 있다. 자연 경관이 아름다워 '망각의 섬'이라고 불렸으며 그리스 신화에 따르면 매혹적인 연꽃을 먹는 사람들의 고향으로 전해진다. 지중해 코발트색을 배경으로 야자수와 올리브나무가 초록빛을 더하고, 운이 좋다면 핑크 플라밍고의 군무를 볼 수 있는 지상 낙원 같은 곳이다.

● 제르바섬의 풍경

최고의 야외 미술관 제르바후드

제르바후드*Djerbahood*는 제르바의 에리아드 마을을 야외 미술관으로 탈바꿈시킨 거리 예술 프로젝트이다. 이 프로젝트는 마을 전체가 거대한 미술관으로 부산의 감천마을을 떠올리게 한다. 2014년 30개국에서 온 200여 명의 예술가들이 '꿈의 섬'이라는 주제로 수백 점의 벽화를 남겼다.

제르바후드는 도시를 시각적으로만 변화시킨 것이 아니다. 마을을 역동적으로 만들었고 튀니지를 세계 그라피티 지도에 올리는 데 기여했다. 10년이 지난 지금도 관광객들은 제르바를 찾아 아름다운 벽화 예술품을 감상한다.

● 제르바후드 벽화들

다민족이 평화롭게 공존하는 섬

제르바는 단순히 호텔과 리조트가 즐비한 휴양지가 아니다. 여러 소수 종교와 문화가 평화롭게 공존하는 상징적인 의미가 있는 곳이다. 문화적 다양성과 종교적 포용성이 어우러진 곳으로 국제 사회에도 중요한 메시지를 전달한다.

이 섬은 긴 역사 동안 유대교, 기독교, 이슬람교 등 여러 종교와 문명이 거쳐 갔다. 지중해 패권이 바뀔 때마다 그 터전에 살고 있던 사람들은 변화를 견뎌내며 비교적 평화롭게 공존해 왔다. 기원전 6세기 예루살렘이 멸망하면서 유대인 난민들이 살 곳을 찾아 제르바로 이주해 왔으며, 현재는 약 900명의 유대인이 제르바에 살고 있다.

엘 그리바 유대교 회당

제르바에는 오랜 역사를 간직한 엘 그리바 유대교 회당*El Ghriba Synagogue*이 있다. 튀니지 전체 인구의 98퍼센트가 무슬림이라는 사실을 감안할 때 매우 특별한 장소이다. 이 회당은 북아프리카에서 가장 오래된 유대교 회당으로 추정된다. 현재의 모습은 20세기 초에 재건된 것이다. 회당의 외관은 소박하지만 내부는 튀니지 건축의 섬세한 디테일과 화려함이 눈길을

● 제르바의 유대교 회당

사로잡는다.

　회당 내부에서 가장 눈에 띄는 특징은 이슬람 건축에서 볼 수 있는 복잡한 패턴의 파란색과 흰색 타일이 벽과 바닥을 이루고 있다는 점이다. 정교하게 만들어진 샹들리에와 스테인드글라스 창은 신성하고 경건한 분위기를 자아낸다.

아랍에 꽃핀 로마 문명,
엘젬

과거의 소리가 들리는 엘젬

　고대 로마 제국 시대에 '티스드루스*Thysdrus*'라고 불린 엘젬 *El Jem*은 북아프리카에서 카르타고 다음으로 번성했던 도시다.

　엘젬의 번영은 이 지역에서 생산되는 풍부한 올리브 덕분이 었다. 특히 하드리아누스*Hadrianus* 황제의 통치 기간 동안 올리 브 생산의 중심 도시로 비약적으로 급성장했다. 비옥한 토양과 지중해성 기후는 올리브 재배에 적합했으며 지중해 연안과 가 까워서 로마 제국 전역과 중동 등으로 운송하기에도 유리했다.

아프리카의 콜로세움, 원형 경기장

엘젬의 가장 유명한 유적지는 '아프리카의 콜로세움'이라고 불리는 원형 경기장이다. 아프리카 대륙에서는 단연 독보적인 규모와 위엄을 자랑한다. 1979년 유네스코 세계 문화유산으로 등재되었으며, 전 세계에 남아있는 로마 유적지 중에서 가장 잘 보존된 것으로 알려졌다.

이 경기장은 로마 황제 고르디아누스 1세*Gordianus I*가 238년 경에 지었다고 추정되며, 북아프리카에서 가장 크고 세계에서는 세 번째로 크다. 당시에는 약 3만 5,000명의 관중을 수용할 수 있었으며 높이는 35미터, 너비는 100미터가 넘는다. 꼭대기에서 경기장을 내려다보면 그 웅장한 규모에 압도된다.

이곳에서는 매년 여름 한 달간 '엘젬 국제 교향악 축제'가 열린다. 전 세계의 유명 음악가, 오케스트라가 참여하며 한국의 교향악단도 공식 초청된 바 있다. 튀니지에서는 중요한 문화 행사로 자리 잡았으며, 매년 여름 축제 기간이 되면 관광객이 음악회를 감상하기 위해 모여든다. 특별한 음향 기기 없이도 거대한 원형 경기장을 가득 채우는 교향악 선율을 듣고 있노라면 고대 음향 기술에 놀라지 않을 수 없다. 오늘날 고대 로마 원형 경기장은 검투사의 함성 대신 아름다운 오케스트라의 연주로 되살아나 여름밤의 황홀경을 선사한다.

● 엘젬 원형 경기장 전경   ● 엘젬 원형 경기장 내부

● 엘젬 원형 경기장에서 열리는 국제 교향악 축제

튀니지 고대의 보석,
두가

튀니지의 북서쪽으로 2시간 정도 달리면 두가*Dougga*와 마주하게 된다. 텔 아틀라스산맥의 산기슭, 해발 550미터의 높은 언덕에 위치한 두가는 주변의 비옥한 평원을 감상할 수 있는 탁 트인 전망이 압권이다.

튀니지 북부는 울창한 산림과 비옥한 땅 덕분에 로마 시대부터 북아프리카의 곡창 지대로 불렸다. 두가는 로마가 가장 번성했던 2~3세기에 건설되었으며 북아프리카에 가장 잘 보존된 아프리카-로마 유적지 중 하나이다. 체계적인 발굴 작업을 통해 풍부한 유물이 발견되었고 1,700년이 지난 지금도 포럼, 극장, 대중목욕탕, 신전 등이 남아있어 고대의 일상생활을 엿볼 수 있다. 고대 도시의 구성 요소가 잘 갖추어져 있다는 가

● 두가의 원형 경기장

● 두가의 캐피톨

치를 인정받아 유네스코 세계 문화유산으로 등재되었다.

베르베르인 누미디아의 마을

두가의 역사는 베르베르인이 작은 농촌 마을을 세웠던 기원전 6세기로 거슬러 올라간다. 언덕에 자리 잡은 이곳은 외부의 침략을 방어하기에 유리했으며, 비옥한 토양과 풍부한 천연 자원은 도시의 발전에 크게 기여했다.

기원전 2세기경 마시니사*Masinissa* 왕은 유목민이었던 누미디아인을 통일하면서 농경과 정착 생활을 장려하고 두가를 수도로 삼았다. 그러다가 기원전 1세기쯤 로마인들이 이주해 오면서 로마의 영향이 빠르게 스며들어 누미디아 도시의 기본 골격을 유지하면서도 웅장하고 화려한 로마 건축과 도시 스타일이 혼합되었다. 두가는 4세기까지 번창하다가 5세기 반달족의 침공으로 상당 부분 파괴되었고 6세기에 비잔틴 제국이 파괴된 도시를 재건했지만 7세기에 아랍 세계의 일부가 되었다.

문화의 융합지

두가는 고대 지중해 세계에서 발생한 다양한 문화가 융합된 과정을 이해하는 데 중요한 유적지이다. 누미디아, 카르타고, 헬레니즘, 로마의 영향이 건축 양식에 복합적으로 나타나며, 카르타고의 여신 타닛과 로마의 신 주피터를 모시는 신전을 비롯해 다양한 신전과 사원이 이곳에 자리 잡고 있다. 또한 언어와 문학의 교차로로써 두가에서 발견된 비문들은 라틴어, 그리스어, 포에니어가 결합된 독특한 형태를 띤다.

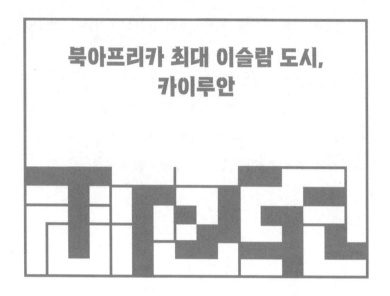

북아프리카 최대 이슬람 도시,
카이루안

카이루안은 튀니지의 중심부에 위치한 북아프리카 제1의 이슬람 도시이다. 도시 전체가 유네스코 세계 문화유산으로 지정됐다. 7세기까지 거슬러 올라가는 유구한 역사를 지닌 이 도시는 북아프리카 전역에 이슬람과 아랍어를 전파하는 진원지이자 군사적 거점 도시였다. 12세기에 정치적 수도가 튀니스로 이전되었음에도 카이루안은 오늘날까지 영적 수도의 역할을 하고 있다. 메카, 메디나, 예루살렘과 함께 이슬람 4대 성지중 하나라는 종교적 중요성은 물론 이슬람 예술과 건축의 경이로움을 간직한 도시이다.

종교적 권위가 있는 도시

7세기 아라비아반도에서 탄생한 이슬람교는 빠르게 퍼져 이집트를 정복했고, 튀니지를 포함한 북아프리카 지역으로 진출했다. 이슬람은 등장한 지 얼마 되지 않아 중동과 북아프리카 대부분 지역을 신속하게 정복했으며 이 과정에서 마그레브 지역은 아랍 문화의 영향을 받아 아랍화되었다.

북아프리카가 이슬람화되는 결정적 역할을 한 곳이 카이루안이다. 우마이야 왕조 때 건설된 카이루안을 아글라브 왕조가 수도로 삼으면서 9세기부터 11세기 사이 이슬람 문화의 전성기를 누렸다. 카르타고 시대 이후 가장 번성한 시기였다. 이슬람 세계전역에서 신학자들이 모여 종교적 권위가 높았을 뿐 아니라 천문학, 수학, 의학 등을 비롯해 이슬람 학문을 최고의 경지로 끌어올린 중심지 역할을 했다.

종교와 예술이 어우러진 웅장한 대모스크

인류는 종교적 신념을 위대한 건축물로 탄생시켰다. 이슬람건축의 전통은 모스크가 출발점이라고 할 수 있을 정도로 무슬림들은 그들의 신앙과 헌신을 웅장한 건축물에 남았다. 모스크는 기도하고 설교를 듣는 예배의 중심지이자 이슬람 학문

● (상) 카이루안 대모스크, (중) 대모스크의 내부, (하) 아글라브 시대에 건설된 저수지

을 배우고 공부하는 교육 기관이며 무슬림들이 교류하는 커뮤니티 역할도 한다.

카이루안의 대표 랜드마크인 대모스크는 북아프리카에서 가장 오래되고 큰 모스크로, 초기 이슬람 건축의 정수를 보여준다. 이 건축물의 웅장함과 화려함이 아글라브 왕조의 번영했던 시대를 대변한다.

사막의 인공 오아시스, 아글라브 분지

아글라브 분지는 9세기경 급수 시설을 개선하기 위해 대규모 도시 계획의 일부로 만들어졌다.

사막 한가운데에 있는 카이루안은 인근에 강이나 호수가 없고 강수량도 매우 적어 물이 귀했다. 당시 사람들은 36킬로미터에 달하는 수로를 통해 셰리셰라 지벨산에서 물을 끌어와 아글라브 분지에 저장했는데, 지름이 128미터, 깊이가 4.8미터에 달하며 약 6,000톤의 물을 저장할 수 있었다고 한다. 아글라브 왕조의 뛰어난 기술력과 선진적인 관개 시스템에 실로 놀라지 않을 수 없다.

함께 생각하고 토론하기

아프리카 대륙은 아직도 순수함을 간직하고 있는 대륙으로 광활한 대지, 아름다운 야생 생태계와 다양한 동식물의 보고라고 할 수 있습니다. 하지만 관광객과 무분별한 관광 자원의 개발이 늘어나고 있어 생태계가 교란되고 천연자원이 고갈되는 것은 물론 쓰레기, 온실가스로 인한 환경 오염으로 지구를 파괴하는 문제를 일으키고 있습니다. 그렇다고 경제적으로 중요한 나라들은 관광 산업이 제한할 수도 없습니다.

● 관광 수입을 늘리면서 자연환경을 보존할 수 있는 방법은 어떤 것들이 있는지 생각해 봅시다.

● ● '탄소발자국'이란 우리가 일상생활에서 내뿜은 탄소의 양을 측정해 숫자로 나타낸 것입니다. 상품을 만드는 과정, 생활 속 거의 모든 활동에서 엄청난 양의 탄소가 방출됩니다. 여행하는 동안 탄소 발자국을 줄이는 방법을 생각해 봅시다.

한국과 튀니지가 연결되는 절호의 기회

아프리카를 바라보는 시선에는 긍정적인 측면과 부정적인 측면이 모두 존재한다. 정보의 불균형과 왜곡으로 우리는 필요 이상으로 부정적인 모습에 과다 노출되어 있다. 부정적인 이미지를 향해 기울어져 있는 시선에서 긍정적인 면으로 조금 더 힘을 실어야 기울어진 시선은 비로소 균형을 맞추게 된다. 이렇게 무의식중에 주입된 아프리카에 대한 편견과 오해는 세계관의 확장을 막고 세계 시민으로 가는 길을 방해해 왔다.

세계 시민은 국제 사회에서 일어나는 문제를 찾아 당장 해결하는 사람을 의미하는 것이 아니다. 먼저 나 자신을 이해하고 타인을 공감하는 데서 출발한다. 내 주변에서 일어나는 일에 관심을 갖고 내 마음의 방향을, 우리의 시선을 세계로 확장시켜 나가는 것에서 출발한다. 우리 모두는 연결되어 있고 세계에서 벌어지는 일이 나의 일이고 나에게 벌어지는 일이 세계의 일이기도 하다. 우리가 아프리카에 관심을 가지고 올바른 시선으로 바라봐야 하는 이유가 여기에 있다.

2024년은 역대 최초의 한-아프리카 정상회의가 개최되는 의미 있는 해이다. 지난 20년간 한국은 약 3~5년 주기로 '한-아프리카 포럼'을 개최해 왔지만 이번 정상회의는 기존의 장관급 포럼을 정상급으로 격상한 유례없는 행사이다. 아프리카 대륙의 정상과 기업인들이 대거 참석해 무역, 문화, 글로벌 과제 해결 등을 논의하고 강력한 협력 관계를 구축하고자 마련된 자리인 만큼 국제 사회에서 아프리카의 중요성과 글로벌 위상이 높아졌음을 재차 확인하는 기회가 될 것이다. 또한 단순한 외교적 행사가 아닌 아프리카를 알아갈 수 있는 절호의 기회이자 한국과 아프리카 국가들의 관계가 더욱 돈독해질 수 있는 역사적인 전환점이 될 것이다.

관심이 가면 들여다보게 되고, 자꾸 보면 예쁜 점들이 발견된다. 나에게 튀니지란 꺼내 보이고 싶은 매력이 많은 나라이다. 이 책을 쓰는 동안 다른 사람들이 불편하다고 느낄 수 있는 부분이 혹여나 나의 긍정적 편협함이나 편향된 시선 때문에 지나치게 낙관적으로 표현되지는 않을지, 또 다른 편견을 조장해 올바른 이해를 가로막는 것은 아닐지 염두하며 균형 잡힌 시선과 경계심을 놓치지 않으려 애썼다.

한 가지 분명한 것은 어둡지 않은 아프리카의 튀니지 이야기를 하고 싶었다. 아프리카 대륙은 무려 54개국이 있는 거대한 대륙이다. 그만큼 다양하고 복잡한 문제들을 안고 있다. 하지만 아프리카만 그런 것이 아니다. 사회마다 먼저 해결해야 할 문제의 종류가 다를 뿐 모두 각자의 문제를 안고 있다.

물리적으로 멀다는 이유로, 문화가 낯설다는 이유로 아프리카에 대한 관심까지 멀리 두지 않기를 바란다. 일단 호기심의 스위치를 켜놓는 것부터 시작하자. 하나의 질문부터, 하나의 호기심부터 시작해 보자. 나 역시 아프리카에서 산다는 것은 예정되지 않은 일이었다. 아프리카를 통해 세상을 이해하는 시야가 확장되면서 목적 대신 예상치 못했던 무언가를 얻은 곳도 아프리카이다.

지중해를 호령했던 한니발 장군의 나라, 아틀라스산맥을 따라 풍요로운 곡창 지대가 펼쳐지고 낭만 가득한 지중해의 푸른 해안선이 파스텔 톤으로 물들어 있는 나라. 아프리카 대륙의 예상치 못한 아랍 민족의 나라. 지중해 패권을 장악했던 카르타고에서 중세 이슬람 문명의 꽃을 피웠던 북아프리카 이슬람 문명까지. 이 책을 덮을 때쯤이면 아프리카 최북단에 보석처럼 박혀있는 튀니지에 대한 이해와 친근함이 소복이 쌓였기를 바란다.

참고 문헌

- 권기정, 《지금 이 순간 튀니지》, 상상출판, 2015
- 김동석, 『프랑스와 구(舊)식민지 아프리카 국가들의 관계 연구』, 2018
- 김명주, 《백인의 눈으로 아프리카를 말하지 말라》, 2012
- 김문환, 《페니키아에서 핀 그리스 로마》, 지성사, 2014
- 김시혁, 《통아프리카사: 우리가 한 번도 만나보지 못한 아프리카의 진짜 역사》, 다산에듀, 2010
- 김효정, 『민주화 혁명 이후 튀니지 세속주의의 변화-2014 신헌법과 2017 여성 관련법 개정과정에서의 시민사회 역할을 중심으로』, 한국중동학회논총, 2022
- 말라카 엘 카드리 엘 아베드, 《튀니지 요리》, 세계문화교육연구소, 2022
- 박석삼, 《아랍의 봄과 겨울, 혁명·반혁명·내전》, 타흐리르, 2021
- 박옥필, 『마그립 지역의 언어문화의 특성 연구: 튀니지 외국어 수용정책을 중심으로』, 2018
- 외교부, 《튀니지 개황》, 2018
- 우정경영연구소, 『우체국금융의 금융포용(Financial Inclusion) 역할에 관한 소고』, 김민진,
- 장 졸리, 《지도로 보는 아프리카 역사: 그리고 유럽, 중동, 아시아》, 시대의 창, 2016
- 장성권, 『소셜 미디어 분석을 통한 미디어 문화연구』, 2013
- 존 아일리프, 《아프리카의 역사》, 가지 않는 길, 2002
- 차전환, 『포에니 전쟁: 카르타고 문명의 몰락』, 2013
- 한국국제협력단, 한국개발전략연구소, 《아프리카 불어권 5개국 협력 방안 연구: 튀니지》, 2015
- 한국에너지공단, 《개도국 이슈리포트》, 2016
- 한아프리카재단, 《이야기로 만나는 아프리카-봄을 부르는 재스민 향기, 튀니지》, 2021
- 한새롬, 『'아랍의 봄' 10년 후, 튀니지 민주화의 재조명』한국중동학회논총, 2021
- 한양대학교 박물관, 《신의 목소리를 보다: 이슬람 캘리그래피》, 2013
- 튀니지 통계청 https://www.ins.tn/
- 튀니지 보건부 http://www.health.gov.tn/fr/
- Statista, https://www.statista.com/
- Djerbahood, https://djerbahood.com/
- Constitutionnet, https://constitutionnet.org/country/tunisia
- World Energy Market Insight, 아프리카 국가들의 재생에너지 보급 확대 정책, 2016
- Startup Tunisia, https://startup.gov.tn/
- World Health Organization, 『Tunisia: Health Systems Profile』, 2018
- Mongi Boghzala, 『Tunisian migration and brain drains』, Mondopoli, 2018
- UNIDO, 〈Food quality label opens up new market for Tunisian harissa〉, https://www.unido.org/news/food-quality-label-opens-new-market-tunisian-harissa
- Culture trip, 〈Fighting for Democracy: Street Art in Tunisia〉, https://theculturetrip.com/africa/tunisia/articles/fighting-for-democracy-street-art-in-tunisia
- Carthage, 〈Olive Oli: Tunisia's Gift to the World〉, https://carthagemagazine.com/tunisian-olive-oil/
- Hédi Larbi, 〈Une stratégie de modernisation du système éducatif en Tunisie〉, https://www.leaders.com.tn/article/33812-hedi-larbi-une-strategie-de-modernisation-du-systeme-educatif-en-tunisie
- M. Jelloul, 〈Interdiction Des Cours Particuliers〉, https://nawaat.org/2016/11/03/interdiction-des-cours-particuliers-m-jelloul-votre-decret-est-inapplicable/

- Carthage Magazine, 〈October 15, Evacuation Day in Tunisia〉, https://carthagemagazine.com/october-15-evacuation-day-in-tunisia/
- National Clothing, 〈Traditional dress of Tunisia. Intricate embroidered patterns and plenty of gold jewelry〉, https://nationalclothing.org/africa/43-tunisia/61-traditional-dress-of-tunisia-intricate-embroidered-patterns-and-plenty-of-gold-jewelry.html
- African Manager, 〈Tunisia: date exports rise to almost 100,000 tons〉, https://www.festivaldouz.org.tn/douz/
- Bayt Al Fann, 〈Calligraffiti & Communities, Karim jabbari〉, https://www.baytalfann.com/post/calligraffiti-communities-el-seed
- Entreprises Magazine, 〈Le tourism médical, une aubaine pour l'économie et un secteur prometteur en Tunisie〉, https://www.entreprises-magazine.com/le-tourisme-medical-une-aubaine-pour-leconomie-et-un-secteur-prometteur-en-tunisie/
- Raouf JAZIRI, PhD, International Business Information Management Association, 『Future trends and challenges in Healthcare Tourism in Tunisia: A Foresight Study』, 2019
- Raouf JAZIRI, PhD, 〈I, 『Future trends and challenges in Healthcare Tourism in Tunisia: A Foresight Study』, International Business Information Management Association 2019
- Correspondent,org, 〈50 Therapeutic Springs Make Tunisia a World Leader in Sector〉, https://correspondents.org/en/2017/07/20/50-therapeutic-springs-make-tunisia-a-world-leader-in-sector/
- PRP Channel, 〈World competition of olive oil, not bad Italians but Tunisian Olive oil wins〉, https://www.prpchannel.com/en/competizione-mondiale-dellolio-doliva-olivko-olio-extravergine-tunisino-vinto-la-medaglia-doro/
- African Business, 〈Tunisia, Innovation startups are key to economic revival〉, https://african.business/2023/05/african-banker/tunisia-innovative-startups-are-key-to-economic-revival
- Gnet News, 〈Durcissement du contrôle économique pendant le Ramadan, des mesures sévères contre les contrevenants〉, https://news.gnet.tn/tunisie-durcissement-du-controle-economique-pendant-ramadan-des-mesures-severes-contre-les-contrevenants/
- Amnesty, 〈Is Tunisia the beacon of women's rights it claims to be?〉, https://www.amnesty.org/en/latest/campaigns/2016/01/is-tunisia-the-beacon-of-womens-rights-it-claims-to-be/
- The Tunisian way, 〈10 fascinating facts about Tunisia〉t, https://thetunisianway.com/10-fascinating-facts-about-tunisia-2/
- Tunisia Online, 〈Traditional Tunisian Clothing〉, https://www.tunisiaonline.com/traditional-tunisian-clothing/
- National Office of Thermalism and Hydrotherapy, http://www.hydrotherapie.tn/portail-de-lhydrotherapie/hydrotherapie/bienfaits-de-lhydrotherapie-en-tunisie/
- Fikra Forum, 〈The Roots of Tunisia's Current Political Crisis〉, https://www.washingtoninstitute.org/policy-analysis/roots-tunisias-current-political-crisis
- BBC, 〈Women in Tunisia: Has a female prime minister changed Tunisia?〉,https://www.bbc.com/news/world-africa-62053997
- BBC, 〈Tunisians question whether life is better after Arab Spring〉, https://www.bbc.com/news/world-africa-55768827

사진 출처

p14	Wikipedia, https://www.newworldencyclopedia.org/entry/ File:CarthageMap.png
p16	Cornelius Poppe, AP 통신
p18	https://en.m.wikipedia.org/wiki/File:Cap_Angela.jpg
p20	유튜브: World Scouting, Bahador Alast, Arab Culture Club, Easy Arabic
p22	Momin Bannani, Wikimedia
p30, p31	AFP
p33	Tribune de Genève
p35	Worldatlas.com
p38	https://www.tunisiatourism.info/
p39	(좌) https://www.leaders.com.tn/, (우) Amine Mouelhi, Africa View Facts
p41	https://en.wikipedia.org/wiki/Flag_of_Tunisia#/media/File:Flag_of_Tunisia.svg
p42	(좌) https://en.wikipedia.org/wiki/Coat_of_arms_of_Tunisia#/media/ File:Coat_of_arms_of_Tunisia.svg, (우) https://en.wikipedia.org/wiki/ Tunisian_passport#/media/File:Passeport_Tunisie_2014.jpg
p46	(좌) Carthage, (우) Wikipedia
p49	Wikimedia
p60	(좌) Parti Mouvement Ennahdha, https://en.wikipedia.org/wiki/Souad_ Abderrahim#/media/File:SouadAbderrahimANC2011.jpg, (우) MENA Affairs
p63	(좌) https://en.wikipedia.org/wiki/Tewhida_Ben_Sheikh#/media/ File:Tawhida_Ben_Cheikh.jpg, (우) https://en.wikipedia.org/wiki/Tunisian_ dinar#/media/File:10_Dinars_TND_Tawhida_Ben_Cheikh_front_01.jpg
p64	Mandel NGAN, AFP
p66	Islamic Headscarf 101, Perfectly Modest
p70	Radio Nationale Tunisienne
p73	https://www.vaidam.com/
p74	La Clinique Taoufik
p75	(상) Bio Azur Thalasso, (하) Hasdrubal Prestige Thalassa&Spa
p82	(상) Selim Khrouf, https://en.m.wikipedia.org/wiki/File:Cour_lpa.jpg, (하 좌) 엘 마나르 대학교, (하 우) 스팍스 대학교
p90	https://www.completesports.com
p91	https://en.wikipedia.org/wiki/Tunisian_Football_Federation#/media/ File:Logo_federation_tunisienne_de_football-copy.svg
p92	https://www.leaders.com.tn
p95	https://realites.com.tn/
p98	https://ha.m.wikipedia.org/wiki/Fayil:Tunisian_dinars_and_millimes. jpgp101 Citizen59, Wikimedia
p99	https://ig.wikipedia.org/wiki/Tunisian_dinar
p101	Citizen59, https://commons.wikimedia.org/wiki/File:Tunis-Carthage_

p171   https://www.xinhuanet.com

p173   (상) Mietek Ł, https://commons.wikimedia.org/wiki/File:Tunezja,_Sidi_Bou_Said,_CAFE_des_Delices_-_panoramio.jpg, (하) https://commons.wikimedia.org/wiki/File:Outside_a_Moorish_caf%C3%A9_-_Tunis_-_Tunisia_-_1899.jpg

p174   김성환

p175   (좌) Amber rua, https://commons.wikimedia.org/wiki/File:About_Tunisia.jpg, (우) Habib M'henni, https://commons.wikimedia.org/wiki/File:%D8%B2%D8%B2%D9%88%D8%A9_%D9%86%D8%AD%D8%A7%D8%B3_%D9%84%D9%84%D9%82%D9%87%D9%88%D8%A9_%D8%B9%D8%B1%D8%A8%D9%8A%D8%8C_%D8%AA%D9%88%D9%86%D8%B3.jpg

p178   (상) La Presse.tn, (하) https://daryasmine.exblog.jp/241983107/

p182   David Stanley, https://commons.wikimedia.org/wiki/File:Fertile_Plain_(39928385012).jpg

p183   튀니지 국립 통계 연구소

p184   Carthage Magazine

p186   Al Arabiya News

p187   (좌) Le Phare du Cap Bon instagram @lephareducapbon_officiel, (우) SICAM 홈페이지

p188   (좌) Wikimedia, (우) Habib Mhenni, https://commons.wikimedia.org/wiki/File:Plat_de_bricks_de_Tunisie,_2021.jpg

p189   Kritzolina, https://commons.wikimedia.org/wiki/File:Tunisian_meal_02.jpg

p190   (상) Catskingloves, https://en.wikipedia.org/wiki/Couscoussier, (하) https://fr.wikipedia.org/wiki/Pain_tabouna#/media/Fichier:Bread_with_poppy_seeds.jpg

p191   THE ODEHLICIOUS

p192   (좌) 김성환

p194   Neferis

p197   (상) Wael Bouyahya, (하 좌) Mariem Zaiane, (하 우) Wael Bouyahya

p200   (좌) Forbes Middle East, (우) GQ Middle East

p202   https://voyage-tunisie.info/

p205   Meriem Zaiane

p206   (상) Eleuuchi Mohamed, https://commons.wikimedia.org/wiki/File:Les_belles_au_Serfari.jpg, (하) The Arab Weekly

p207   CUSTOM QAMIS

p208   CUSTOM QAMIS

p213   Google Earth

p214   Hichem Bekhti, https://en.m.wikipedia.org/wiki/File:Visite_du_Cap_Angela,_le_point_le_plus_septentrional_de_l'Afrique_(Wiki_Indaba_2018)_12.jpg

p216   (상) Wikimedia Commons, (하) Jerzystrzelecki, https://commons.wikimedia.org/wiki/File:Sidi_Bou_Said%28js%2919.jpg

p219   (상 좌) RostomBaccar, https://commons.wikimedia.org/wiki/File:Palais_

Ennejma_Ezzahra.jpg (상 우) Tarek1977, https://commons.wikimedia.org/
wiki/File:Palais_du_baron_d'Erlanger._Palais_Ennejma_Ezzahr.jpg, (하 좌) (하
우) Wikipedia

p221   Club Family
p222   https://djerbahood.com
p224   TUNISIA ONLINE
p227   (상) @hyeinoh, (하) Iheb Ezzaier, https://en.wikipedia.org/wiki/
        Festival_international_de_musique_symphonique_d%27El_Jem#/media/
        File:Amphith%C3%A9%C3%A2tre_d'El_Jem.jpg
p229   (상) Dennis Jarvis, https://en.wikipedia.org/wiki/Dougga#/media/
        File:Dougga_Theatre_-_Looking_Down_from_the_Top.jpg, (하) GIRAUD
        Patrick , https://en.wikipedia.org/wiki/Dougga#/media/File:TUNISIE_
        DOUGA_CAPITOLE_001.JPG
p234   (상) MAREK SZAREJKO , https://en.wikipedia.org/wiki/Great_Mosque_of_
        Kairouan#/media/File:Great_Mosque_of_Kairouan_Panorama_-_Grande_
        Mosqu%C3%A9e_de_Kairouan_Panorama.jpg, (중)김성환, (하) Neil Rickards,
        https://en.m.wikipedia.org/wiki/File:Citerne_Aghlabide,_Kairouan.jpg

나의 첫 다문화 수업 15

있는 그대로 튀니지

초판 1쇄 발행 2024년 6월 20일

지은이 오영진

기획편집 도은주, 류정화
마케팅 이수정
표지 일러스트 엄지

펴낸이 윤주용
펴낸곳 초록비책공방

출판등록 제2013-000130
주소 서울시 마포구 동교로27길 53 308호
전화 0505-566-5522   팩스 02-6008-1777

메일 greenrainbooks@naver.com
인스타 @greenrainbooks @greenrain_1318
블로그 http://blog.naver.com/greenrainbooks

ISBN 979-11-93296-38-7 (03930)

어려운 것은 쉽게 쉬운 것은 깊게 깊은 것은 유쾌하게

초록비책공방은 여러분의 소중한 의견을 기다리고 있습니다.
원고 투고, 오탈자 제보, 제휴 제안은 greenrainbooks@naver.com으로 보내주세요.